LUDOVIC ESCANDE

L'ASCENSION DU MONT BLANC

ALLARY ÉDITIONS

FSC
www.fsc.org
MIXTE
Papier issu de sources responsables
FSC® C003309

Pocket, une marque d'Univers Poche,
est un éditeur qui s'engage pour la préservation
de son environnement et qui utilise du papier fabriqué
à partir de bois provenant de forêts gérées
de manière responsable.

ISBN : 978-2-266-28283-3
Dépôt légal : septembre 2018

Pour Bérénice, Tristan & Édouard

Flamme. J'aime bien ce mot. J'imagine un incendie et un homme surgissant des flammes, le corps en combustion comme le superhéros des *4 Fantastiques*. La nuit, pendant mes insomnies, seul dans le salon, je regarde sur YouTube des vidéos de motos rugissantes dont le pneu arrière s'embrase sur le goudron. Leur fureur me fascine. La journée, au bureau, je plane, je peux régler tous les problèmes. Mais ce que je prends pour de la puissance n'est que de l'insouciance. Mon indifférence aux choses est l'opium de mes journées. Je ne vois pas que notre couple est en feu.

C'est au moment le plus agité de cette étrange période que je dîne avec Sylvain Tesson. J'apprécie la compagnie des écrivains. Un jour, un professeur d'université m'a expliqué que les musiciens de jazz n'étaient pas des gens comme tout le monde. Cette phrase m'a longtemps hanté. Je pense en effet que les artistes, les écrivains, ne sont pas comme nous, la norme a moins de prise sur eux. On peut dérailler tranquillement à leurs côtés, on ne risque pas le carton rouge.

Nous sommes à la fin du mois d'octobre, les journées sont courtes et grises, la nuit envahissante. Sylvain a choisi une petite taverne près du jardin du Luxembourg. Nous sommes là pour parler de ses projets de livres. Curieusement, mon métier d'éditeur est le seul domaine où je reste disponible. J'ai tout fermé ailleurs. La décoration du restaurant est folklorique, on se croirait dans l'auberge de *La Grande Vadrouille*.

— On est bien ici, me dit Sylvain avec un sourire.

— J'ai un peu peur pour la cuisine.

— Mis à part la tarte aux fraises de chez Picard, je crois que la bouffe n'est pas terrible.

— Alors pourquoi m'as-tu donné rendez-vous ici ?

— C'est dépaysant pour les urbains obsessionnels que nous sommes.

Une dame plantureuse habillée comme une Tyrolienne se tient devant la table, un carnet à la main.

— Qu'est-ce que je sers à ces messieurs ?

Par précaution, nous commandons le plat du jour…

— Un peu de vin pour accompagner tout ça ? demande-t-elle.

— Que préfères-tu, mon cher Ludovic, blanc ou rouge ?

— Je suis plutôt vin blanc.

— Vin blanc, tout fout le camp. Excellent choix. Un pichet, s'il vous plaît.

— Une bouteille, plutôt.

Sylvain me jette un regard, entre surprise et curiosité.

— Oui, pardon, madame, je voulais dire une bouteille évidemment. Nous, notre devise, c'est : « Alcool au dîner, grande fête toute la soirée. »

Le chablis et la gaieté de Sylvain m'apaisent un peu, pourtant en moi résonne toujours la rumeur sourde des incertitudes. J'hésite à lui parler du chaos de ma vie actuelle. Il est délicat d'aborder les questions privées quand une relation est fondée sur des échanges professionnels.

— Cela ne se passe pas très bien à la maison depuis quelques mois. En fait, je pense que nous allons divorcer.

— Malheur… dit-il tout à coup attristé. J'ai l'impression que tu as connu des jours meilleurs. Il faut que tu tiennes le coup.

— On ne s'est pas rendu compte qu'on s'était éloignés, surtout moi, car le problème vient plus de mon côté, apparemment.

J'avale une bonne gorgée de chablis.

— Tu rentres à moto ce soir ? me demande Sylvain.

— Je n'ai pas le choix, quand tu habites en banlieue, c'est plus simple que le RER.

— Aujourd'hui, il est plus facile d'aller à Londres en Eurostar qu'à Cergy-Pontoise en transports en commun. Tu mets combien de temps ?

Je pense au superhéros en flammes qui traverse les airs sans se soucier de rien et qui illumine la nuit quand tout s'enfonce dans l'obscurité.

— Je ne sais pas, je roule très vite, ça m'évite de me poser la question.

— Aïe, la vitesse, je vois, c'est une drogue puissante.

— J'aimerais être comme toi, ne pas être prisonnier de ma vie et partir quand je veux.

— Et tu irais où ?

— Haut, très haut, pour respirer un autre air. J'aimerais être capable de grimper des sommets. Mais c'est impossible, je suis coincé ici.

— Pourquoi impossible ?

— Parce que je ne suis pas alpiniste et que le vide me colle une trouille d'enfer. Je ne suis pas aussi fort que toi pour ces trucs-là.

— Ce n'est pas une question de force. (Il se tait quelques secondes, puis reprend :) Mon cher Ludovic, je vais t'emmener au sommet du mont Blanc !

Il saisit son verre pour porter un toast.

— Tu plaisantes là ?

— Pas du tout. Je suis très sérieux. On fait tout un plat du mont Blanc, mais il suffit d'un peu d'entraînement et de bonnes chaussures pour y arriver. Je te prêterai l'équipement. Tu chausses du combien ?

— Heu… du 41.

— Moi je chausse du 43, au moins tu ne seras pas trop serré. Et comme dit Goethe, l'important c'est d'être à l'aise.

— Goethe a dit ça ?

— Absolument. Je suis certain que ce vieux Goethe a prononcé cette phrase culte au moins une fois dans sa vie.

— Sylvain, je ne sais pas escalader. J'ai peur du vide.

— Fais-moi confiance. Je connais des techniques très efficaces pour lutter contre le vertige. Deux ou trois enseignements que m'ont transmis des anciens de l'Everest. Le premier conseil, c'est de bien tenir la corde de celui qui est devant toi. Le second, c'est de ne pas regarder en bas.

— Ah… et le troisième conseil ?

— C'est de fermer les yeux quand tu as peur.

La bouteille est presque vide. C'est le moment où l'alcool rend tout possible, les obstacles et le temps sont suspendus. La soirée pourrait s'étirer sans fin, continuer à ce rythme grâce au carburant de l'ivresse. Sylvain me tend la main par-dessus la table. Et nous scellons notre pari. La forte pression de sa poigne d'alpiniste écrase mes doigts. Il consulte un genre de grosse montre soviétique qu'il a rapportée de Moscou.

— Nous sommes le jeudi 11 octobre, il est 23 heures. Avant l'été prochain, tu seras prêt pour monter au mont Blanc avec moi. Voici le programme. L'alcool et la cigarette, tu ne changes rien. Le vin et le tabac, on n'a rien inventé de mieux pour garder de bonnes artères. Tu vas juste ajouter dans ta semaine deux ou trois séances de jogging d'une heure. Et pour compléter, tous les matins, tu feras des pompes et des tractions.

— D'accord. Mais tu es sûr que cela va suffire ? Parce que j'ai quand même pas mal de retard.

— Oui. De mon côté, je vais réquisitionner Du Lac, mon copain qui est guide de haute montagne. Il sera ton sherpa. L'idéal serait que nous arrivions une semaine avant l'ascension pour que tu t'acclimates à l'altitude et au rocher. Il faut que je voie avec le camarade Rufin s'il peut nous héberger dans son chalet à Saint-Gervais.

Un écrivain a raconté lors d'une émission de télévision qu'il n'était plus que la moitié de lui-même pendant son divorce. Mais je m'aperçois que je suis descendu au tiers de moi-même. Ce tiers-là fait son travail et déménage dans un trois-pièces que je loue dans la ville limitrophe d'Enghien-les-Bains où nous possédons un pavillon. Malgré l'aspect maussade de cette petite commune du Val-d'Oise, ma nouvelle adresse fait le plus souvent rire ceux à qui je la communique. J'habite désormais « rue de l'Avenir à Deuil-la-Barre ». Si j'avais étudié la psychanalyse à l'université, il est probable que j'aurais choisi un autre point de chute, car il faut bien reconnaître que je suis en chute libre au moment où je m'y installe.

Je n'ai emporté aucun meuble, tout est neuf dans cet appartement d'un lotissement bâti à deux pas de la gare du Transilien. Le mobilier a été acheté chez Ikea, en un seul après-midi – je me suis inspiré de l'appartement témoin aménagé dans le magasin pour faire mon choix. Je peux affirmer qu'Ikea est devenu mon fournisseur intégral. De la fourchette au canapé, tous les objets portent des prénoms de personnages que l'on croirait sortis du *Seigneur des Anneaux*. Mais cela ne me dérange pas car j'évite de rester trop longtemps chez moi, le silence de ce nouveau foyer me plonge dans un profond état de tristesse. Je passe beaucoup de temps au bureau, ou sur la moto, étant donné que je dois faire deux heures et demie de trajet chaque jour pour aller à Paris et en revenir. Le reste de mon temps libre, je le consacre à la course à pied et à la gymnastique. Je cours le week-end, j'ai réservé le mercredi soir pour ne pas rester cinq jours d'affilée sans exercice. Au cœur de l'hiver, la nuit est déjà complète à 17 heures, si bien que je m'équipe d'une lampe frontale quand je pars dans la forêt de Montmorency, le seul endroit que je ne trouve pas désespérant pour faire du jogging. Une rencontre embarrassante avec un couple en train de s'ébattre contre une souche d'arbre me persuade de changer d'horaire.

L'entraînement que m'a planifié Sylvain nécessite que je diminue la consommation d'alcool et de tabac pour tenir la cadence, du moins les premières semaines, car le changement de rythme fatigue mon organisme. À cause de la séparation, j'ai du mal à trouver le sommeil. Même épuisé par le sport, je me réveille chaque nuit entre 3 et 4 heures du matin, sans parvenir à fermer l'œil avant l'aube. J'envisage plusieurs méthodes de relaxation, j'essaie d'abord de regarder un film mais aucune histoire n'arrive vraiment à m'accrocher, mon esprit fait passer la bande-annonce d'un autre film où je tiens le mauvais rôle, celui du fauteur de désastre familial. Je pense à mes enfants, à leur détresse évidente et au désordre que provoque cette interminable période de rupture. Je tente aussi de me changer les idées en naviguant sur Internet, je visite différents pays, mais la Terre vue de l'espace finit par aggraver mon spleen, tellement les images vertes et écrasées de nos continents sont inhumaines. Le Web agit sur mon chagrin comme un vortex malsain, plus je consulte de sites, plus je suis attiré par les vidéos morbides d'accidents d'avion et de bombardements aériens. Une nuit particulièrement anxieuse, je tombe sur des images atroces d'abattages d'animaux qui me plongent dans un état d'angoisse si prononcé que je suis obligé de réveiller un ami en lui téléphonant pour reprendre contact avec le monde des vivants.

Les semaines passent, je traverse l'hiver en persistant dans mon programme sportif. J'ai compris que pour courir par temps froid, je devais porter un bonnet, des gants et un tour de cou en polaire, afin de ne pas m'enrhumer. Le matin vers 7 heures, quand je me rends dans la forêt de Montmorency depuis Deuil-la-Barre, je remonte les longues files d'automobilistes qui vont travailler à Paris. Je trottine en sens inverse des ralentissements et j'éprouve le sentiment coupable de sécher les cours au lycée. Longtemps, je me limite à une vingtaine de minutes de footing car mes poumons brûlent et mon cœur ne tient pas la cadence. Les articulations douloureuses de mes genoux me préoccupent davantage. Un matin, je me décide à consulter un médecin que je choisis avec l'application Pages Jaunes sur mon iPhone. Je trouve une doctoresse à côté de l'appartement. Ce rendez-vous impromptu me met de bonne humeur, d'autant que c'est bientôt le printemps. La femme assise en face de moi a environ une cinquantaine d'années, une voix rauque et un beau regard brun qui me scrute avec méfiance. Derrière elle, épinglée au mur, une affiche des Pink Floyd.

— Alors, monsieur, qu'est-ce qui vous arrive ?

— J'ai mal aux genoux. Je m'entraîne pour aller au mont Blanc cet été, je cours beaucoup depuis quelque temps.

— Vous faisiez du sport avant ?

— Pas vraiment.

— Vous prenez des traitements, des médicaments ?

— Du Doliprane contre la douleur.

— Et c'est tout ?

J'éprouve une sorte de confusion inexplicable face à cette question simple. Je sens l'angoisse monter comme si j'étais pris en faute et je me mets à bafouiller.

— Je prends du Doliprane tous les jours. Mais je prends aussi… de l'Aspirine… de l'Advil et du Voltarène… pour que ce soit plus efficace. Parfois j'ai vraiment très mal, vous savez…

— Est-ce que vous dormez bien ?

— Non, pas très bien. Mais j'arrive à m'endormir avec du Fervex.

— Vous êtes enrhumé aussi ?

— Non… c'est-à-dire que j'ai remarqué que le Fervex me faisait dormir…

— Parfait. Vous fumez, monsieur ?

— Oui, environ seize cigarettes par jour…

— Un paquet donc. Et l'alcool ?

— Du vin, comme tout le monde.

— Bien sûr. Combien de verres à peu près ?

— Pas plus de cinq… dans la norme quoi.

Je la vois prendre des notes, comme si elle préparait déjà la consultation du prochain patient.

— J'espère que je ne me suis pas arraché un ligament ou cassé le ménisque, dis-je en ricanant, ce serait embêtant pour cet été. Au pire, je suppose qu'on pourrait me faire des infiltrations, un ami alpiniste m'a dit que ça marchait bien et puis vous comprenez…

— Non, monsieur, je ne comprends pas, dit-elle tout à coup en levant le bras pour m'interrompre.

Elle pose son stylo et recule dans son siège.

— Il faut que je fasse une radio ?

— Monsieur, on va tout reprendre à zéro. C'est ça qu'on va faire maintenant. D'abord vous allez prendre un grand sac en plastique et le remplir avec tous les médicaments que vous possédez. Vous apporterez de ma part toute cette quincaillerie à la pharmacie qui est à l'angle. Ensuite, je vais vous prescrire un somnifère, du Stilnox, que vous prendrez le soir juste avant de vous coucher.

— D'accord et mes jambes ?

— Il faut que vous compreniez quelque chose de très important, monsieur. Sur le plan médical, ce n'est pas du tout comme ça qu'on prépare son organisme à un séjour en haute montagne. Donc la cigarette, c'est stop, l'alcool, c'est stop. Quant à vos jambes, on va regarder, mais je pense que ce sont des courbatures. Il suffira de mieux adapter votre entraînement.

L'avantage de la maison d'édition où je travaille, c'est qu'elle possède une multitude d'escaliers à cause de l'emboîtage compliqué des bureaux, qui ont été agrégés au fur et à mesure de son développement.

Mon bureau est au troisième, il offre une vue paisible sur le jardin où chaque saison impose aux arbres et aux fleurs le caprice de ses couleurs. J'ai pris le chemin le plus long pour aller déposer un courrier au rez-de-chaussée. Je monte et descends les niveaux, traverse les différents services, pour arriver au bout de vingt minutes chez les attachées de presse. Je tombe sur Jean-Christophe Rufin. Je sais toujours quand il est dans la maison car il rentre le vélo pliable avec lequel il se déplace dans Paris. Il le range sous le meuble du Minitel, que nous conservons pour je ne sais quelle raison mystérieuse, comme une relique du XXe siècle. J'entre dans le bureau de son attachée de presse. Il se tient debout, contre la porte-fenêtre qui donne sur le jardin. Sa haute silhouette se découpe dans la lumière. Il est habillé d'un costume sombre et d'une chemise blanche.

— Je ne sais pas si je vais venir avec vous finalement, dit-il. J'ai promis que j'irais au Salon du livre de Nice en juin pour signer des bouquins. Et puis, je me sens trop vieux pour vous suivre, j'ai atteint l'âge des thalassothérapies et des promenades en duffle-coat sur la plage.

— Arrête, tu es plus entraîné que moi. On dirait que tu reviens des Jeux olympiques. De toute façon, on n'a pas encore fixé de date. On va faire le mont Blanc ensemble, c'est ce qu'on a prévu depuis le début.

— Tu parles, j'ai grossi comme un cochon à cause de tous ces dîners à Paris. Vous avez choisi votre itinéraire pour aller là-haut ?

— Sylvain et Daniel veulent passer par une voie qui s'appelle l'arête des Italiens. Il paraît que c'est splendide. Tu connais ?

— Oui, je connais. C'est surtout splendidement débile… sauf si vous tenez à vous suicider tous ensemble bien sûr. Je t'explique, l'arête des Italiens, je la vois de la terrasse de mon chalet à Saint-Nicolas. C'est une longue crête neigeuse, large comme une selle de vélo, avec 800 mètres de gaz de chaque côté.

— Merde… ils ne se rendent pas compte, je vais crever.

— Mais non, tu risques seulement de faire une crise d'épilepsie ou un infarctus du myocarde. C'est dommage car l'arête n'est pas assez large pour que l'on t'allonge pour un massage cardiaque.

— Arrête tes conneries…

— Si tu veux, la seule manière pour s'assurer quand tu es sur cette arête, c'est de sauter du côté opposé de celui qui tombe pour faire contrepoids. C'est assez basique comme technique. Ensuite, tu peux prier saint Pierre pour que les secours arrivent vite, car une fois que tu es pendu comme un saucisson, il n'y a rien d'autre à faire que patienter.

— Bon sang, il faut que je dise à Sylvain que ce n'est pas de mon niveau. Tu pourras lui dire aussi, toi, il t'écoute ?

— Le problème, c'est qu'il ne m'écoute qu'une fois sur trois, sinon il ne ferait pas autant de bêtises. Non mais ça, vraiment, l'arête des Italiens, c'est encore leurs sottises avec Daniel. Quand ils sont ensemble, rien ne peut les arrêter, ce sont de vrais kamikazes. D'accord, je vais parler à Sylvain, je dois le voir cette semaine, il vient dîner à la maison.

Jeudi 27 juin. C'est la veille du jour de notre départ pour Chamonix. Jean-Christophe hésite toujours à faire l'ascension avec nous. Il prétend qu'il est fatigué par la sortie de son dernier livre et sa promotion. Mais je le soupçonne de surévaluer le niveau de ses compagnons, et notamment le mien. Je ne suis pas au mieux de ma condition physique, bien que j'aie suivi scrupuleusement le programme sportif de Sylvain et un peu moins celui de la médecin. Je fume un paquet de cigarettes par jour, je m'endors grâce aux somnifères, je calme mes angoisses avec des anxiolytiques et je bois plus que de raison. Mon corps est un champ d'expériences médicales, mon sang un fleuve instable gavé de chimie et d'alcool.

Il est prévu que nous partions demain avec Sylvain à bord de ma Renault Clio. Je dois passer le prendre à son appartement, près de l'église Saint-Séverin, au cœur du Quartier latin. Comme je ne possède aucun vêtement d'alpinisme, il va prélever sur ses réserves pour m'équiper. Nous roulerons d'une traite jusqu'au chalet de Jean-Christophe sur les hauteurs de Saint-Gervais.

L'autre soir, lors d'un cocktail dans les salons de Gallimard, je discute avec Patrick Modiano. Je lui dévoile mon projet d'ascension du mont Blanc. Tout à coup, il s'égaye, il me pose des questions précises. À la fin de notre conversation, il me demande avec un enthousiasme qui me touche de lui envoyer une carte postale de Chamonix. Et puis il se tourne vers le jardin, allonge le bras en direction du pavillon de la Pléiade, qui s'élève au bout, le doigt pointé vers le toit, il dit : « Alors vous allez là-bas ? » Je lui réponds que nous comptons grimper jusqu'au sommet si la météo nous le permet. Il me serre la main avec chaleur et répète : « Vous penserez à m'envoyer une carte de là-haut ? »

Samedi 28 juin, 9 heures du matin. Venant de la banlieue, je roule sur le boulevard circulaire de la Défense, entre les gratte-ciel qui abritent le siège des plus grosses entreprises françaises. Mon téléphone portable sonne, c'est Sylvain. J'entends une voix faible et essoufflée. Il m'explique que pendant la nuit une violente inflammation de la luette s'est déclarée, elle est grosse comme une balle de ping-pong coincée en travers de la gorge. Il respire difficilement, il doit aller aux urgences de l'hôpital Cochin. Je n'aurai qu'à l'attendre chez lui jusqu'à ce que le médecin l'ait examiné.

Arrivé à son appartement, je découvre un sol jonché de vêtements spécialisés, de cordes, de mousquetons et de chaussures d'escalade. Parmi les objets étranges qu'il a rapportés de ses innombrables voyages, je déniche un tricorne napoléonien. Vers 11 heures, au moment où il tourne la clé dans la serrure, je m'installe à son bureau coiffé du tricorne, un piolet à la main. Il rit de mon accoutrement malgré sa fatigue.

— Nous allons boire un thé bien chaud, camarade, ça me changera les idées ! Le médecin m'a mis sous cortisone, ma luette devrait dégonfler dans la journée.

— Mais qu'est-ce qui t'est encore arrivé ?

— Oh, rien d'extraordinaire ! J'ai fait de la moto, torse nu, hier soir, et mon organisme n'a pas apprécié l'expérience. Tu aimes le film *Easy Rider* ?

— Oui, il a plutôt bien vieilli, je trouve. Ça va aller, ta gorge ?

— T'inquiète, nous pourrons prendre la route demain matin. Ce n'est pas plus mal, cela nous laisse le temps d'aller au Vieux Campeur t'acheter des guêtres.

La cortisone a fait son effet, Sylvain retrouve sa bonne humeur, nous nous promenons dans les rues animées du quartier de la Huchette.

Le soir, nous fêtons son rétablissement et notre départ. Marianne, la compagne de Sylvain, nous rejoint à 18 heures. Une jeune femme élancée, des grands yeux noirs où je décèle une inquiétude fiévreuse. Elle dépose un livre sur la table basse du salon, le journal intime de Mireille Havet, qui fréquenta le milieu littéraire des années vingt, une personnalité indépendante, fascinante, affligée d'un physique disgracieux. Perdu dans un sentiment d'amour immense et sans objet, son cœur ne cessa de saigner. Elle se fraya un chemin entre les mots et la cocaïne, entre des matinées qui ressemblaient à des crépuscules et des crépuscules agités par des discussions enflammées avec ses amis artistes. Marianne en parle avec passion, je parcours quelques pages et je suis frappé par le désespoir de son écriture qui exprime le vertige de sa destruction. Mireille Havet est morte d'épuisement à 33 ans.

Quand arrive ma petite amie, une jolie fille espiègle que j'ai rencontrée quelques jours auparavant, Sylvain débouche une bouteille de champagne. On fait rapidement connaissance, puis nous mettons de la musique et nous dansons. L'euphorie de cette fête improvisée nous donne envie de nous déguiser. Marianne en capitaine de cargo, ma petite amie en jockey, Sylvain en joueur de polo et moi, je reprends le chapeau de Napoléon. Le volume de la sono monte, nous gesticulons en rigolant sur la terrasse dans nos accoutrements bizarres.

Danser nous a ouvert l'appétit. 10 heures sonnent à l'église Saint-Séverin, nous venons de vider une deuxième bouteille de champagne. Sylvain propose d'aller grignoter des tapas dans un bar espagnol tout proche. Avant de sortir, il m'a convaincu de nous changer afin que nous portions des vêtements assortis, comme les Dupont et Dupond. Il me prête une chemise blanche, une cravate club et une veste de smoking qui sent le moisi et le patchouli. Avec mon pantalon de treillis militaire et mes baskets orange, je suis encore plus grotesque que déguisé en Napoléon. Nous zigzaguons vers un bar où la serveuse, reconnaissant Sylvain, pose d'emblée sur le comptoir des mojitos et une assiette de tortillas. J'éprouve ce vieux frisson de l'ivresse avec les souvenirs qui y sont associés. Je revois ces dernières nuits de juin où, après un dîner, je partais à moto, sur un coup de tête, rejoindre la maison de campagne de mes parents dans le Perche, à 140 kilomètres de Paris par l'A11.

Tandis que nous nous installons au zinc pour dîner, me reviennent les images sidérantes de l'autoroute éclairée par les phares de mon engin lancé à toute vitesse, doublant les camions, le buste plaqué contre le réservoir, hypnotisé par la vitesse et le scintillement des bandes réfléchissantes. Les clients commencent à quitter le bar, la fièvre monte dans notre petit groupe. Au fond de la salle, contre le mur, il y a un vieux piano. Sylvain attaque une sorte de polka. Mon amie est allée fumer une cigarette dehors, où je la retrouve en train d'écouter trois jeunes types en costume qui jouent aux play-boys. Je m'approche en souriant et lui demande si tout va bien. Elle me prend par le bras et m'entraîne un peu plus loin. Nous quittons le bar à 2 heures du matin et rentrons à pied par les rues tranquilles qui longent le jardin du Luxembourg. Dans cinq jours notre cordée monte à l'assaut du mont Blanc et je suis ici complètement ivre.

Samedi 29 juin. Nous partons enfin en voiture pour Saint-Gervais. Nous chargeons dans la Clio quatre énormes sacs et deux cordes de cinquante mètres. Les badauds observent avec curiosité le déballage pittoresque des piolets et des mousquetons qui tintent sur le trottoir comme des clochettes.

Sur l'autoroute, pendant le trajet, nous parlons des auteurs et des livres qui ont compté dans notre apprentissage de la littérature. Les goûts de Sylvain me surprennent par leur variété et leur caractère parfois inconciliable. Il me parle d'Homère dont il lit l'*Odyssée*, des récits de montagne de Gaston Rebuffat et de Jean Lorrain, un auteur fin de siècle, à la vie scandaleuse, qui laisse une œuvre tombée dans l'oubli. Puis, au moment de quitter l'A6 pour emprunter l'A40 en direction de Genève, nous commençons à parler des femmes que nous avons aimées, mais également de femmes inconnues, comme cette Miss Nantua ou cette Miss Oyonnax dont nous survolons les cités en passant par les gigantesques ponts suspendus de l'autoroute Blanche. Nous essayons d'imaginer la vie sentimentale de ces jeunes femmes dans ce paysage post-industriel coincé entre les montagnes.

Nous arrivons à Saint-Gervais à 6 heures du soir. Le chalet de Jean-Christophe est perché au-dessus d'un petit village, à 1 500 mètres. Un panorama s'offre au regard, où l'on voit l'arête de Bionnassay, le dôme du Goûter et le mont Blanc en enfilade. Comme Jean-Christophe n'est pas encore là, je mets en route la chaudière d'après les instructions qu'il a gribouillées sur un papier. Évidemment, ce n'est pas aussi simple que sur le dessin et ça ne marche pas. Je cherche du secours sur Google mais n'obtiens que des résultats en allemand. À force de batailler, je finis par entendre le feulement grave de la flamme dans le foyer en fonte. Daniel, le guide de haute montagne, arrive à son tour. Il dépose dans l'entrée deux sacs à dos bardés de cordes, de sangles et de dégaines. Le frigo est vide, nous descendons au village en quête d'un restaurant. Le premier refuse de nous laisser entrer car le service se termine à 21 h 30, et il est 21 h 35… Le deuxième est une pizzeria décorée comme une fromagerie hollandaise, où la patronne passe en boucle une compilation de George Michael. Sur les étagères sont rangés des dizaines d'ours en peluche. À part un type au comptoir, nous sommes les seuls clients. La patronne de cet établissement désert, la soixantaine, a des cheveux blonds, des traits sévères mais un gentil sourire où on devine la tristesse d'une femme trop souvent quittée. Appuyé au comptoir, il y a Gérard. Gérard continue de parler seul quand la patronne est en salle avec nous. Gérard n'a plus toutes ses dents, ni toute sa lucidité. Sa bouche anesthésiée par l'alcool articule une sorte de créole savoyard, que nous finissons par décoder après avoir nous-mêmes goûté plusieurs alcools locaux.

Minuit nous repousse jusqu'au parking, je suis saisi par le froid, demain les choses sérieuses commencent. Nous escaladerons la pointe Percée, l'un des sommets de la chaîne des Aravis. J'ignore tout de ces montagnes, c'est tout juste si j'ai remarqué leur nom sur les panneaux de l'autoroute. Daniel et Sylvain me promettent que ce sera une course facile et un beau baptême pour un novice qui s'apprête à tâter du rocher. Je n'ai aucune idée de ma résistance à l'altitude, au vertige, à l'effort prolongé en montagne. Demain sera une journée d'initiation presque complète. Je redoute vaguement que l'angoisse me gagne et me paralyse sur le rocher. La soirée n'est pas terminée, mes amis veulent prolonger la discussion. Les derniers cocktails m'aident à glisser dans le calme d'un sommeil sans rêve.

Le réveil sonne à 6 heures du matin. J'ai mal à la tête et j'ai le ventre noué. « Ne pas être à la hauteur », c'est curieux comme cette expression ordinaire prend à cet instant tout son sens. Nous nous équipons en silence dans le salon d'où on voit un paysage aux couleurs très nettes sous la lumière déjà éclatante du soleil, tel un étendard vert et blanc. Daniel me montre le matériel qu'il emporte pour nous deux : un baudrier, des sangles, des dégaines, des coinceurs, des descendeurs, deux cordes de cinquante mètres. Il me fait essayer des chaussons d'escalade, ainsi que des chaussures d'alpinisme. Apparemment, la course sera de neige et de rocher. Sylvain s'affaire autour des sacs lui aussi, il me répète que c'est une course belle et tranquille. Son insistance me trouble un peu. Daniel est champion du monde d'escalade, c'est le complice de toujours de Sylvain. Ils m'ont montré des photos spectaculaires de leurs exploits en Jordanie, sur des parois abruptes où les deux funambules se détachent sur l'immensité du désert.

Nous faisons quelques courses à Intermarché pour acheter du saucisson, du jambon, des amandes et des barres de céréales, puis nous prenons l'autoroute jusqu'au Grand-Bornand. Nous nous garons au col des Annes, dans un petit hameau de chalets, entouré par les alpages où paissent des dizaines de vaches dont les cloches en cuivre carillonnent dans la vallée. Face à nous se dressent trois pics aux arêtes vives. C'est le début du domaine des Aravis, dont les proéminences rocheuses s'élancent vers le ciel. Ce massif forme une première rangée colossale derrière laquelle se soulève la chaîne du Mont-Blanc. Je demande à Sylvain quel est l'objectif de la journée. L'inquiétude me tord le ventre, mon mauvais pressentiment n'était pas une illusion. Sylvain me montre le plus haut des trois sommets, qui culmine à 2 752 mètres. C'est une grosse canine qui, de là où je l'observe, semble aussi pointue qu'un croc de boucher. Je garde mon calme, bien que je ressente les premières manifestations de mon appréhension du vide. Dans un flash, je me vois sur la paroi pris par un vertige si fort qu'il me donnerait envie de sauter. Mes guides se rendent-ils compte que je ne suis pas capable de grimper cette montagne ?

Nous attaquons par le sentier à travers les alpages. Sylvain et Daniel marchent en tête, leur rythme rapide creuse déjà l'écart. Les deux copains sont comme deux chiens fous, ils viennent de se retrouver après plusieurs semaines. J'entends de loin les bribes du récit de leurs dernières expéditions, l'un en Afrique, l'autre en Russie. Les premiers névés apparaissent, larges plaques de neige glacée accrochées à l'herbe brune. Daniel m'explique comment placer mes pieds pour ne pas déraper. Avec la pente qui augmente, je pourrais glisser et être projeté contre l'un des rochers en contrebas. Il s'agit de planter sa chaussure dans la neige en donnant un coup de pied vers l'avant. Il me demande de suivre scrupuleusement sa trace, sans me fournir d'autres explications. Je remarque que son attitude est plus grave, il est concentré, le professionnel a pris le contrôle de la situation. Ce n'est plus le tapis herbeux que nous avons foulé, mais une pente boueuse et gelée. Je reste focalisé sur l'allure de Daniel. Sylvain est toujours d'excellente humeur, il est ici dans son élément, il progresse avec aisance, l'altitude a des effets toniques sur lui. Son être, son âme appartiennent peut-être à quelque chose situé en hauteur et qui l'attire irrésistiblement. Je jette un coup d'œil en aval, c'est une mauvaise idée, le risque d'une chute prend alors toute sa réalité. À partir de cet instant, je décide de ne plus regarder en bas.

Je ralentis l'allure, craignant de déraper à chaque pas, mais je préfère ne pas me plaindre sinon sur le mode de la plaisanterie. Je vais essayer de profiter du paysage. Cela semble aller de soi, mais réclame une mobilisation de toute ma volonté. Daniel me conseille d'enlever mon blouson, il insiste sur la nécessité d'une tenue adaptée à l'effort. Je ruisselle de sueur. La chaleur est intense sur le grand miroir blanc de la neige. L'air froid assèche la peau et la bouche. Nous faisons une pause pour boire. Par petites gorgées, préconise-t-il. Nous disposons d'un litre d'eau chacun pour une course d'environ huit heures. Bien gérer la soif. Ma manière d'avancer sur la neige ne satisfait pas encore Daniel. Patiemment, il me montre le geste, la bonne attitude, et il la décompose pour m'en expliquer l'utilité. J'écoute d'une oreille distraite ses explications, ses conseils m'agacent, je sais mettre un pied devant l'autre. Les derniers mètres sur la neige verglacée sont rudes. Mes semelles dérapent et je sens l'appel du vide me tirer par les pieds, comme si un poids pesait sur mes épaules pour me faire dégringoler. Je prends discrètement un Xanax pour ne pas risquer la crise d'angoisse, surtout au début du périple.

La neige a disparu. La roche se dresse devant nous, la paroi a secoué la neige de son dos de pierre comme pour mieux déployer ses muscles. Nous faisons une halte, déposons nos sacs et quittons nos chaussures de randonnée pour enfiler les chaussons d'escalade. Je passe un baudrier par-dessus mon pantalon en toile et reste en T-shirt. Sylvain pointe du doigt le sommet, il veut me montrer la fameuse « pointe Percée ». Vu d'ici, le trou ne semble pas plus gros qu'une tête d'épingle, mais d'après Sylvain, il est aussi large qu'une roue de tracteur. Cela donne une idée de la hauteur de la pointe Percée. J'imagine la sensation terrifiante que l'on doit éprouver là-haut. Je décide de ne pas regarder vers le haut non plus. Je vais rester concentré sur ce qui se passe dans un rayon d'un mètre. Bientôt, je me limiterai à mes mains et à mes pieds, tel un scaphandrier en opération de survie. La voie que nous suivons est « ouverte », cela signifie que des chevilles à expansion sont scellées dans la paroi afin qu'on puisse y accrocher les mousquetons par où passe la corde censée nous retenir en cas de chute. Plusieurs voies sont possibles, mais je suis incapable de juger si le choix de mes guides est celui de la facilité. Le topo consiste à grimper jusqu'à la première arête, puis enchaîner les deux autres, en suivant la ligne de crête pour atteindre la pointe Percée. Je me suis souvent interrogé au sujet des crénelés pointus que j'observais de la vallée : sont-ils aussi effilés qu'une dentition de requin ? Y a-t-il assez de place pour se tenir debout ? Et si on bascule ? Daniel s'avise soudain que je n'y connais rien en cordes et en nœuds. Les mots qu'il emploie, les termes désignant les gestes élémentaires du grimpeur me sont inconnus. Il improvise calmement un cours sur les rudiments de l'escalade. Pour la première fois, je surprends un doute dans son regard, ce n'est pas de la crainte mais comme un retour brutal à la réalité, ma réalité de débutant absolu que Sylvain et lui ont un peu rapidement évacuée. Mais Daniel en a vu d'autres et, je le comprendrai plus tard, quelque chose d'obscurément symbolique se joue à cet instant. La légère nervosité dans sa voix est un indice que nous allons tenter une ascension hors de ma portée. Mon rôle, cette fois, se bornera à suivre le mouvement, m'assure-t-il, à suivre ses indications à la lettre et « tout ira bien », comme on dit à un blessé qui va se faire amputer. Oui, tout ira bien, puisque le champion du monde d'escalade en personne me le dit. Au bas de la paroi, Sylvain trépigne d'impatience, il avale des barres vitaminées, mais en a-t-il vraiment besoin ?

Le premier geste vers le rocher, voilà ce qui s'imprime dans mon esprit, ce premier geste qui me pousse vers la verticalité. Sylvain porte une casquette en tweed qui le fait ressembler aux pionniers de l'alpinisme dont les noms ont marqué l'histoire de la conquête de l'Himalaya. Il est vrai qu'il y a en lui quelque chose de conquérant, une conquête à la slave, turbulente et joyeuse, qui connaît la mélancolie et se nourrit de poésie. Une soif d'absolu guide ses expéditions, mais que reste-t-il à conquérir dans les montagnes françaises sinon soi-même ? Nos massifs sont totalement balisés, cartographiés et, cependant, ils demeurent un territoire dangereux et imprévisible. Sylvain ouvre la cordée, je suis en second et Daniel ferme la marche. Il pourra ainsi me retenir avec la corde si je bascule dans le vide. Cela s'appelle « faire un vol ». Une belle image, en effet, merci Daniel… Premiers mètres d'escalade, je ne suis pas à l'aise. Néanmoins, être forcé à agir m'empêche de réfléchir. Je reste concentré sur mes gestes. La voix de Daniel dans mon dos, ou plus exactement sous mes pieds, m'indique avec précision quelles prises je dois saisir. Du premier relais, Sylvain m'observe, son sourire est réconfortant, il semble heureux de me voir lancé dans cette aventure dont il est l'initiateur.

La paroi est tiède, la matière calcaire est agréable sous mes paumes. J'admets que les prises ne sont pas trop difficiles à atteindre, pour l'instant. L'effet conjugué du Xanax et de la relative facilité de cette première longueur a fait baisser la tension, de sorte qu'arrivé au premier relais, je suis dans un état proche de l'euphorie, je me prendrais presque pour l'un d'eux, ou pour Sir Edmund Hillary. Je tourne brièvement la tête vers la vallée du Grand-Bornand, étonné par la force du relief, comme si je renouais soudain avec la richesse des perspectives après les mornes étendues du Bassin parisien. Sylvain me signale que la vue est encore plus belle sur l'autre versant. Je ne vois pas ce qu'il peut y avoir de plus beau au moment où il me dit ça. Il ne faut pas nous attarder, la voie continue implacablement jusqu'à la partie la plus effilée du promontoire de roche : les arêtes. Nous avons au minimum 700 mètres de dénivelé à grimper.

Sylvain et Daniel se parlent beaucoup. Contrairement à ce que je pensais, l'escalade est un sport de communication, sans elle, les risques d'accident augmentent. Ils ont atteint ce degré de complicité où seuls quelques mots jetés à voix haute suffisent à donner une information claire, quand ce n'est pas par un simple mouvement de tension sur la corde. Les trois termes fondamentaux sont « vaché », « du mou » et « sec ». « Vaché » signifie que l'alpiniste de tête a atteint un relais composé de deux scellements où il s'est arrimé et à partir duquel il peut garantir la sécurité de ses partenaires. Les deux autres termes sont utilisés en cours de progression. « Du mou », pour demander davantage de longueur de corde afin de se sentir plus libre de ses mouvements. « Sec » pour réclamer une tension plus importante en vue d'anticiper un risque de chute. Je mémorise instantanément ces trois termes.

Dans l'immédiat, il m'est difficile de mesurer le niveau d'engagement physique qui va être exigé. Je me contente de suivre le mouvement, la montée se déroule avec fluidité, comme si on ouvrait les portes devant moi et qu'une force supérieure écartait les obstacles. Daniel et Sylvain grimpent avec calme, leurs gestes me semblent si naturels qu'ils pourraient être les miens.

Dès la deuxième longueur, ce n'est plus le cas. En apparence rien n'a changé, Sylvain avance rapidement, il est maintenant bien échauffé, quant à Daniel, il semble aussi à son aise que sur une plage du Cap Ferret. Mais pour moi, les pièges et les problèmes techniques se font jour peu à peu. Le placement de mon corps est maladroit, fébrile, dès que je suis face à un choix, les prises ne m'apparaissent pas avec la même évidence qu'à mes compagnons. Seuls les conseils avisés de Daniel me permettent d'avancer. Je ne sais pas où poser mes chaussons, ni trouver les anfractuosités où glisser mes doigts. Sans la lecture du guide, la paroi est une carte muette. Si je grimpais les yeux bandés, cela ne serait pas différent. Une perception nouvelle de l'environnement alpin s'éveille en moi : je ressens une menace diffuse, comme si j'étais une proie sous le regard d'un prédateur prêt à fondre et que la roche m'était hostile. La montagne n'est pas accueillante dans les conditions de l'escalade, elle se rebelle contre notre volonté de puissance. La cartographie numérique de plus en plus précise du territoire ne permet cependant pas d'en mesurer le caractère sauvage et récalcitrant. J'y suis plus sensible à cause de mon inexpérience.

Lorsque je rejoins enfin Sylvain, il lit sur mon visage le changement d'humeur, les premiers signes de la peur. Il tente de la désamorcer par une blague. Puis s'élance vers la troisième partie de la voie. Daniel me tourne le dos. Nous sommes immobiles sur un balcon étroit comme une planche de surf. Lui, il scrute l'horizon sans nuage. Moi, fidèle à ma décision, je reste plaqué contre la paroi. Qu'est-ce que je fais ici ? Le Xanax n'agit plus assez, l'angoisse bombarde mon cortex en alerte. Je déglutis avec peine, la gorge sèche. Ma respiration est courte. Si le cœur s'emballait, ce serait la crise d'angoisse totale. Les yeux fermés, je tente de chasser les pensées paranoïaques : Sylvain et Daniel se sont mis d'accord pour me foutre une trouille d'enfer. Ces deux voyous sont contre moi. Ils m'ont piégé. Ici, sur la paroi, la vraie nature de leur personnalité éclate. La météo change vite en montagne, l'humeur connaît de pareilles variations. À ma crainte s'ajoutent la défiance et la colère. Je me suis rarement senti aussi vulnérable, je ne suis plus qu'une conscience craintive qui scrute ses mains pour ne pas être submergé par la peur. J'offre un spectacle pathétique.

Au troisième relais, je me détourne discrètement afin de prendre un autre anxiolytique. Plus l'on monte, plus le massif montagneux se pare de couleurs et de nuances invisibles de la vallée. Je me répète que j'ai de la chance, que je n'ai pas le droit de tout gâcher. Personne ne m'a forcé à venir ici. Daniel me tend une poignée d'amandes en cherchant mon regard. Je baisse les yeux, camoufle en vain mon anxiété. Une partie de sa famille vient des Cévennes, la mienne aussi. Je connais bien ces caractères taiseux à qui rien n'échappe, ces regards noirs où brillent la malice et la perspicacité. Il sait. Je croque quelques amandes que j'avale sans les mâcher. Le relais est situé sur le premier pic, il nous faut suivre l'arête afin d'atteindre le second sommet et poursuivre notre ascension vers la pointe Percée. Remontant de la vallée, sur le versant gauche, je vois des gros cumulus qui se bousculent contre notre montagne. La proximité de ces énormes nuages est presque rassurante. Ils occultent le vide. L'autre versant de l'arête est totalement dégagé, le regard porte à des kilomètres. La lumière est partout, les pentes sont illuminées en HD. À ma droite, 900 mètres au moins nous séparent de la plaine, l'équivalent de trois tours Eiffel. Ce coup d'œil furtif n'était pas prudent, les picotements de l'angoisse courent le long de mes jambes jusque dans la pulpe de mes doigts. Le Xanax commence à faire son effet, chimie contre chimie, l'équilibre de la terreur. Seule la corde me retient à présent à Daniel, nous ne sommes plus attachés au piton, si je tombe, je lui devrai mon salut. Malgré tous mes efforts, le vertige poursuit obstinément son travail de sape, mes jambes faiblissent, j'avance à petits pas, le dos courbé, les bras écartés. Devant, Sylvain se tient déjà debout au sommet de la deuxième arête. J'essaie de respirer lentement, bouche ouverte, pour ralentir le rythme trop rapide de mes pulsations cardiaques. Ce sont des gestes dérisoires face à l'effroi qui m'étreint comme un ennemi invisible, un monstre qui remonterait de la vallée à toute allure, lancé à ma poursuite dans une chasse à l'homme dont je serais la victime. Je connais les manifestations de la crise d'angoisse, cette exacerbation du sentiment de peur qui se focalise sur un seul objet. Par expérience, je sais aussi qu'elle peut dégénérer en crise de panique. L'oppression devient alors plus forte, elle vous isole à l'intérieur de votre propre corps et prive l'esprit de son rapport normal au réel. Le cœur s'emballe, on se met à transpirer, la conscience se fixe sur une idée unique qu'elle repasse en boucle. Au lieu d'établir la connexion avec le monde, elle inverse le processus. Cela ne dure que quelques instants, mais c'est effrayant car la crise de panique surgit tout d'un coup. La première fois, on pense devenir fou. Il n'en est rien, ce n'est pas dangereux mais très désagréable. Il suffit de prendre un anxiolytique pour tout arrêter.

Nous approchons de la deuxième arête. La distance avec le sommet est plus courte et ne pose pas de véritables difficultés bien que la fatigue ait entamé ma motivation. L'entraînement guère rigoureux de ces derniers mois ne suffit pas à me donner le même tonus que mes amis. Les deux dernières soirées ont été très festives. Je ne me suis pas ménagé. Qu'est-ce que je cherchais en ne respectant pas une discipline élémentaire ? Pourquoi se lester gratuitement lorsqu'on veut vaincre le mont Blanc ? Malgré la courte distance qui me sépare du nouveau ressaut, j'arrive en haut très essoufflé. Aussitôt le pied posé sur le petit promontoire, perché à plusieurs centaines de mètres au-dessus du vide, je dérape sur des graviers. Je reprends mon équilibre dans un geste réflexe, mais reçois de plein fouet la sensation du danger. De toute façon, je ne serais pas tombé car Daniel m'a immédiatement rattrapé. D'une poigne d'acier, aussi solide qu'un treuil de grue, il a agrippé mon baudrier. Nous sommes tous les trois serrés sur le piton. Il me semble que Sylvain échange un regard rapide avec Daniel. J'ai envie, j'ai besoin de m'asseoir, là, tout de suite. Je sens la crise de panique arriver en force. Je vais mourir. C'est irrationnel, mais j'en suis convaincu à cet instant précis : je vais mourir maintenant. Je comprends que je suis en train de basculer dans la panique, Daniel aussi a compris.

— Ça ne va pas ?

— Je ne me sens pas bien.

— Assieds-toi.

— Je vais mourir, dis-je malgré moi.

— Non, Ludovic. Tout va bien.

— Il faut appeler un hélicoptère.

— On va faire un break, explique-t-il en posant entre nous son sac à dos. (Il s'accroupit. Il me tend sa gourde.) Bois. Tout va bien. Ce qui t'arrive est normal. Maintenant, écoute-moi attentivement.

Ses yeux noirs me fixent avec assurance, de sorte que je suis bien obligé de reprendre contact. Je n'ai plus aucun pouvoir sur mon corps. Je suis cloué au sol par la peur. J'attends la mise à mort, d'être jeté dans le vide. Je ne vois qu'une solution : qu'on m'assomme et qu'on me rapatrie en hélicoptère. Daniel me parle d'une voix ferme et calme.

— Voilà la situation. Il ne peut rien t'arriver, tu m'entends ? Il ne peut RIEN t'arriver. Mais comme c'est la première fois, ton corps réagit. C'est logique. Il n'est pas prévu pour ça. Bon, il y a deux solutions. Et là, c'est toi qui décides. La première, c'est qu'on redescend en tirant des rappels jusqu'en bas. C'est facile, y a qu'à se laisser glisser tout du long. C'est peinard. Mais si on fait ça, ça va être compliqué pour la suite, pour le mont Blanc, je veux dire. Je dirais même que ça va être impossible et que tu devras faire une croix dessus. Mais ce n'est pas grave, c'est aussi très courageux de savoir renoncer. La deuxième, c'est que tu laisses passer la crise, tu prends le temps qu'il faut, tu respires, on n'est pas pressés. Car, c'est sûr, la crise, elle va passer, c'est toujours comme ça. Ensuite, on continue, on va à la pointe Percée qui est juste au-dessus, on avance à ton rythme et on y est dans moins d'une heure.

Encore tremblant de peur, je sais que le vrai premier sommet est à portée de main et que je suis bien parti pour relever le défi que je me suis lancé. Sur ce piton rocheux, un souvenir me revient, celui d'un tournoi de boxe quand j'étais étudiant et du premier coup qui m'avait mis K.-O. debout. Cet uppercut m'avait cueilli par surprise et remis de manière foudroyante dans la réalité du combat. Jusque-là, je n'avais fait qu'apprendre la technique sans jamais être monté sur le ring contre un adversaire. Je reprends encore du Xanax, tant pis si je suis comme un zombie pourvu que je tienne. Et puis merde après tout : je suis un zombie punk qui escalade la pointe Percée. Ma décision est fermement arrêtée.

J'atteindrai ce sommet coûte que coûte, dussé-je passer en force et me gaver d'anxiolytiques.

Nous descendons en rappel cette fois, c'est une curieuse sensation de partir en arrière, assis dans un frêle baudrier au-dessus du précipice. C'est un geste contre-nature, d'ailleurs tous mes gestes depuis ce matin vont à l'encontre de mes réflexes ordinaires, de ma vie urbaine. La montagne me met la peau à l'envers. Je ne reconnais plus ma droite de ma gauche ni le bas du haut. On me dit de sauter dans le ravin en cas de problème, de faire confiance à mes jambes plus qu'à mes bras pour grimper et de redevenir un enfant. La montagne est un arbre pour adultes.

Au bas de la troisième arête, je ne sais plus très bien qui je suis ni où je suis. Le choc de la crise de vertige a été si rude que ma raison vacille, des papillons fluo clignotent devant mes yeux. Quelqu'un d'autre est là, une voix intérieure me parle : « Alors tu as réussi ? Pourtant tu es mort de trouille. Tu savais depuis le début que tu avais rendez-vous avec la plus grande peur de ta vie. Regarde comme ces dix derniers mois t'ont transformé. Tu es gavé de médicaments pour oublier ta souffrance. Mais tu es là, à 2 700 mètres, comme jamais tu ne l'as été auparavant. Au fond, tu es comme tout le monde, peureux et courageux. »

Daniel amorce les gestes de sécurisation pour l'ultime longueur avant la pointe Percée. La voix continue de s'adresser à moi : « Regarde, ils te laissent partir en tête. La voie semble facile. C'est gentil de leur part. Arriver le premier en haut et t'offrir l'illusion d'avoir conquis le sommet. N'oublie pas que leur amitié est plus importante que la prouesse physique que tu es en train d'accomplir. Ils pourraient être ailleurs, dans des cordées plus périlleuses et mieux adaptées à leur niveau. Mais non, ils sont là, regarde le nombre de gens qui sont là pour toi et souviens-t'en. »

Mes mains agrippent la roche pour la dernière étape, le sentiment d'accomplissement suffit à me redonner de la force. Mais après quelques mètres, je ne trouve pas de prise pour la main gauche, tout mon poids repose sur la droite, alors que je sens le bout de mes chaussons perdre de l'adhérence. Si je ne prends pas une décision immédiate, je vais décrocher et chuter dans le vide. Je tente de lancer mon bras gauche plus haut. Raté. Je me sens happé en arrière, ça y est, je tombe.

Cela va très vite. J'ai perdu trois mètres en moins d'une seconde, Daniel m'assure court et me retient aussitôt. Ce sont des mètres interminables, qui en valent deux cents. Je suis suspendu dans le ravin à une corde. C'est fini. Je peux désormais me rétablir. Daniel et Sylvain me hissent et m'aident à franchir ce mauvais pas. Arrivé à leur hauteur, je découvre leurs visages hilares. Je dois faire une drôle de tête, car leurs rires augmentent de sorte que je suis emporté par leur joie.

— Tu as fait ton premier vol ! me dit Daniel tout à coup sérieux. Tomber en arrière, c'est ce qu'on appelle « faire un vol », tu te rappelles ? Cela arrive à tous les alpinistes, c'est courant, c'est même normal, tu vois. Il fallait que cela t'arrive. Y en aura d'autres, c'est sûr. C'est ça l'escalade, mon ami.

— En montagne, il y a un principe d'intensité de l'action qui n'existe nulle part ailleurs, dit Sylvain. Chaque geste, chaque pierre que tu touches, tu t'en souviendras encore dans dix ans.

— Plus jamais, je ne rêverai de devenir un oiseau. C'est horrible de voler, dis-je, la bouche pâteuse.

Je sors la boîte de Xanax, j'hésite à reprendre un comprimé car je crains de tomber dans les pommes en forçant la dose.

— Qu'est-ce que c'est que ce médicament ? demande Sylvain.

— Du Xanax, un anxiolytique.

— Tu as si peur que ça ?

— Oui, tu n'imagines pas. Mais grâce à ces pilules, ça va à peu près.

— Tu m'en donnes un ?

— Pourquoi, tu ne te sens pas bien ?

— Si, mais j'aimerais voir ce que ça fait.

— Ce n'est pas un bonbon, Sylvain. Déjà que t'es casse-cou, tu vas carrément devenir kamikaze avec ce truc.

— Tu connais Yūichirō Miura, ce Japonais qui a descendu l'Everest tout schuss en 1974 ?

— Non, dis-je. Mais je préfère ne pas y penser là.

— Je te montrerai la vidéo ce soir sur Internet. Cela va te plaire, toi qui aimes la moto.

Je n'ai pas ressenti la même peur que tout à l'heure sur le pic : la chute réelle a été moins effrayante que la chute imaginaire. « Quelle expérience de vivre dans la peur ! Voilà ce que c'est d'être un esclave », dit un personnage de *Blade Runner*. En esquivant la peur, on risque de succomber à l'effroi.

Le sommet de la pointe Percée est recouvert d'une couche de neige. Nous sommes en juillet et il est encore tombé des flocons quelques jours avant notre arrivée. L'hiver s'est prolongé jusqu'au seuil de l'été. Nous faisons une pause pour ôter les chaussons d'escalade et rechausser nos grosses godasses à semelles Vibram. La pente s'adoucit et se couvre de blanc. Le chemin qui conduit jusqu'au sommet culminant à 2 752 mètres se rétrécit. Un crucifix en bois, de la taille d'un homme, nous y attend, témoin d'une époque révolue où la conquête des sommets s'accompagnait d'une quête spirituelle. On peut s'étonner de trouver Dieu dans ces hauteurs : si l'on est croyant, il ne sera jamais assez haut, et si l'on est athée, il ne l'est que trop.

Les nuages ont disparu. C'est sans doute l'un des plus beaux points de vue sur la chaîne du Mont-Blanc dont la carrure géante s'impose comme un porte-avions au milieu d'une armada de frégates et de torpilleurs. J'ai du mal à croire que dans quatre jours, j'atteindrai ce sommet, deux fois plus haut que la pointe Percée. Je suis à bout de forces et à bout de nerfs. Je tremble, j'ai envie de pleurer. Mon cerveau refuse cette idée, comme un ordinateur qui disjoncte. Et pourtant, dans une rumeur assourdie venue d'une conscience enfouie, je perçois désormais la possibilité de cette ascension. Quelque chose vient de céder quelque part. Mais où ? Je n'en sais rien. Et quoi exactement ? Je ne le sais pas davantage.

Sur la photo prise avec mon téléphone, je me vois avec Sylvain, lui tirant sur un gros cigare et moi fumant une cigarette. Malgré la fatigue, mon visage baigne dans une sorte de quiétude, une tranquillité profonde.

Un quart d'heure après, nous descendons en rappel les mêmes parois que j'ai eu tant de mal à escalader. Dos au vide, je glisse le long du rocher, avec cette étrange sensation d'un corps délesté d'un poids que mon baptême du feu aurait réduit en cendres. Nous atterrissons sur la pente neigeuse qui me semble plus vertigineuse qu'à l'aller, comme une piste noire qu'il faudrait descendre sans les skis. Daniel m'encorde à lui et Sylvain s'élance tout schuss comme un skieur dans la descente. Avec la vitesse, il soulève des gerbes de poudreuse qui bleuissent dans le soleil. Nous suivons avec prudence le même chemin, plantant nos talons dans la glace à grands coups de semelles. Soudain, je perds pied, et de nouveau cette sensation de chute et de mort imminente, puis ça s'arrête.

— Tu as glissé, me dit sobrement Daniel. Ce n'est pas grave.

Cette fois, il ne prend pas le temps de m'expliquer ce qui s'est passé. Il me désigne, tout en bas de la pente, le bâtiment où est déjà Sylvain, le refuge de Gramusset.

— Allez, on va boire une bonne bière. On l'a méritée.

Autant que je me souvienne, c'est la première fois que je me retrouve dans un refuge de montagne. L'endroit est rustique mais bien entretenu. Deux jeunes femmes en assurent la garde, ce qui me surprend, j'associais ce métier à une activité masculine. La plus jeune est infirmière à Grenoble, elle a décidé de prendre « du recul » pendant quelques mois à cause de ses conditions de travail déplorables dans un service de gériatrie. C'est une fille à la beauté sans artifices et au sourire sensuel. Attablés autour de gobelets en plastique, quelques randonneurs se détendent sur la terrasse en évoquant leurs expéditions.

Nous nous asseyons sur un banc à l'écart. Nous ne faisons pas partie de ceux qui passeront la nuit au refuge et cela fait une différence. Sylvain revient avec un plateau chargé de bières. Je n'ose me dérober et descends la première canette d'une seule traite. J'ai l'impression de revenir d'un périlleux voyage. L'alcool appelant le tabac, je grille une cigarette, savourant le doux poison qui circule dans mes veines et se répand dans mon corps. Daniel reparle de l'ascension du mont Blanc, il a consulté la météo ce matin, des orages sont prévus mercredi, ce qui rend impossible notre départ. Seule option : jeudi et vendredi. Sylvain et lui passent de nouveau en revue les différentes voies d'accès. Les noms de cols, de refuges, de pics tournent dans la discussion, des noms qui me sont inconnus mais qui suscitent des commentaires graves. Sylvain défend le principe d'une montée par l'arête des Italiens. Daniel rétorque que cela risque d'être « un peu dur » pour moi. Cet euphémisme suffit à déclencher un frisson d'effroi le long de ma nuque. Si ce que nous venons d'accomplir était « facile », je n'ose imaginer à quoi peut ressembler une excursion « un peu dure ». Je souris en essayant de prendre un air complice. Puis soudain, Daniel, d'un ton solennel, parle de « la Voie Royale ». Sylvain hausse les épaules, exprimant à la fois du dédain et du respect.

Hier soir, en surfant sur des sites d'escalade, je me souviens d'avoir lu : « Le mont Blanc par la Voie Royale, encore appelée voie Normale, c'est la voie la plus accessible pour rejoindre le toit de l'Europe. » Normale, vivre normalement, c'est ce à quoi s'oppose l'escalade. Il m'a suffi d'une journée pour le comprendre. Je ne suis pas ici par hasard, je suis en lutte pour ma liberté, pour avoir le droit de faire les choses de travers. Dans *Les Renards pâles*, que m'a offert Yannick Haenel, avant de partir à Chamonix, j'ai relevé un passage où le narrateur, Jean Deichel, décide de faire le saut dans l'existence. Or, que suis-je en train de faire, sinon de réaliser mon propre saut dans l'existence ? Un saut par le haut, dans une gravitation inversée, où l'on se laisserait tomber vers un infini turbulent.

La jeune infirmière, pourtant réservée, se joint à nous. Il y a dans son regard une lueur de curiosité.

— Vous êtes un habitué de la vallée ? demande-t-elle à Daniel.

— Oui, je travaille souvent par ici, répond-il en échangeant un regard avec Sylvain.

— D'habitude, je n'ai pas la mémoire des visages mais je suis certaine de vous avoir déjà vu.

— C'est possible.

— Vous connaissez du monde ici ?

— Des guides, j'entraîne l'équipe de France junior d'escalade cette année, dit-il.

— Vous êtes guide ?

— Oui. Mais j'habite Montpellier. Je m'appelle Daniel Du Lac.

— C'est vous alors, c'est vous que j'ai vu à la télévision. Vous avez été champion du monde.

Sans quitter la jeune femme des yeux, Daniel prend une gorgée de bière.

— Oui, je l'ai été en 2007 et 2008, ensuite j'ai arrêté pour faire autre chose, je suis allé grimper en Afrique et en Asie.

Sylvain est silencieux, la scène semble l'amuser, je le devine à sa manière de fumer son gros cigare, en le faisant tourner entre ses doigts, comme un joueur de poker. Bien entendu, pour l'infirmière, c'est comme si je n'existais pas. Trop normal, sans doute. L'alcool, la nicotine et la décompensation brutale que j'ai vécue sur la pointe Percée me rendent vaguement stupide.

— Vous aimez lire, dis-je, pour avoir choisi de vivre ici pendant trois mois ? Il n'y a pas grand-chose à faire d'autre…

— En fait, c'est plutôt le contraire car les clients arrivent sans arrêt. Mais oui, j'aime lire, pourquoi vous voulez me vendre un livre ?

— Oui, celui de cet écrivain, Sylvain Tesson. Il a écrit un livre sur son retrait du monde en Sibérie.

Un jeune type en Quechua, visage juvénile, la barbe clairsemée et courte, quitte la table de l'autre groupe de randonneurs :

— Excusez-moi d'intervenir dans la conversation mais j'ai entendu votre nom, dit-il à Sylvain. Je me disais bien que je vous avais reconnu. Je voulais juste vous dire que j'ai beaucoup aimé votre livre. Vraiment. J'ai trouvé ça très original. Je l'ai lu jusqu'au bout.

— Merci, je suis très content que vous l'ayez aimé. Moi-même, je ne l'ai pas relu depuis qu'il est sorti et je ne sais pas si j'aurais le courage d'aller jusqu'au bout.

Sylvain lève son verre et porte un toast. Depuis quelques mois, il est habitué à ce genre de témoignage de sympathie. Il y répond chaque fois avec bonne humeur, tout en éprouvant le sentiment bizarre que ce succès n'est pas tout à fait mérité et qu'il s'agit d'un malentendu. Le jeune type est content d'annoncer à ses amis qu'il s'agit bien de Sylvain Tesson. Cette nouvelle suscite un élan de curiosité, les uns et les autres exprimant à leur façon ce qu'ils savent du livre. J'observe la jolie infirmière. Il n'y a que des hommes sur cette terrasse et personne n'est insensible à sa présence.

19 h 30. Il est temps de redescendre au col des Annes récupérer la voiture direction le Grand-Bornand pour nous mettre quelque chose de solide sous la dent. Avant de quitter le refuge, Daniel récupère discrètement le numéro de l'infirmière, au prétexte de renouer contact avec un ami guide.

Nous arrivons au Grand-Bornand vers 21 h 30. L'été tient ses promesses. La clarté du jour est encore agréable. Il flotte dans l'air tiède les prémisses d'un soir de fête. Mais partout où nous nous présentons, on nous explique que le service du soir est terminé. Le montagnard n'est pas noctambule, il est pragmatique : la nuit, c'est fait pour dormir. Nous échouons finalement dans l'établissement le plus tape-à-l'œil du coin, où Jean-Christophe nous rejoint. Il rentre d'une journée de signature dans la région pour son dernier livre, *Immortelle Randonnée*. Les traits de son visage sont creusés. Il se joint à nous, il écoute avec bienveillance notre récit, mais je sens qu'il est encore avec les dizaines de lecteurs auxquels il a consacré sa journée. Dans l'attention qu'il porte aux autres, on décèle l'empathie du médecin engagé dans l'humanitaire. Tandis qu'il se détend, au fur et à mesure que le repas avance et que les verres se vident, je vois la sérénité et la joie traverser son regard aux blagues de Sylvain. Je ne connais aucun écrivain de talent qui n'ait de compte à rendre à l'angoisse, qu'elle soit apparente ou très bien dissimulée. Rien à voir avec le cliché romantique du poète maudit enfermé dans sa mansarde, non, il s'agit ici de l'angoisse chimique, celle qui assèche la gorge et vous réveille sur les coups de 4 heures du matin. Celle qui survient sans raison mais obstinément, quand la lumière décline et que se consument les heures incertaines entre le jour et la nuit. Ce sentiment désespérant de ne pouvoir se réfugier nulle part si ce n'est dans un paradis artificiel.

Nous sortons régulièrement fumer à l'extérieur, et chaque traversée du restaurant est de plus en plus chaotique. Je porte un sweat vert en polaire que m'a prêté Daniel, Sylvain est vêtu d'un extravagant T-shirt violet, à son avant-bras il porte une attelle qu'il met après l'effort chaque fois que se réveille la douleur d'une ancienne blessure d'escalade. Jean-Christophe avec ses cheveux longs et sa barbe de trois jours pourrait aussi bien être un animateur social en train de s'occuper de jeunes à la dérive. Nos éclats de rire sont bruyants, je remarque des froncements de sourcils consternés autour de nous, mais il est trop tard pour en tenir compte. Nous suivons le joyeux conseil de Stendhal : « SFCDT (Se Foutre Carrément De Tout) ». Pour cela, les écrivains savent vous prendre par la main. Ayant eux-mêmes connu affres et cauchemars, ils savent qu'il faut marcher sur l'eau au présent avant que le futur ne se charge de vous engloutir.

Nous sommes les derniers clients à quitter le restaurant. Sur le parking, des Anglais aussi alcoolisés que nous se poursuivent avec des cotillons en titubant, certains sont en smoking et d'autres portent des masques d'animaux. Nous ne sommes déguisés en rien sinon en alpinistes. Incapable de prendre le volant, je confie les clés au stoïque Daniel, toujours calme, comme hermétique à tout débordement.

Mais dès le premier virage, j'entends crisser les pneus de ma pauvre Clio. Daniel conduit vite, vingt kilomètres de route de montagne à cette folle allure, c'est un supplice. Alors que nous sommes encore à plusieurs centaines de mètres du chalet de Jean-Christophe, Daniel tire le frein à main d'un coup sec. La voiture s'immobilise au milieu de la route. Sans un mot, Sylvain et lui sortent du véhicule, font quelques pas dans la lumière des phares puis s'arrêtent. Assis à l'arrière, je les observe, le moteur tourne encore, je crains qu'ils ne soient allés au-devant d'un danger jusqu'à ce que je voie deux jets d'urine éclabousser le goudron. Et si une voiture déboulait en sens inverse ?

Arrivés au chalet, nous prenons un dernier verre sur la terrasse. On entend le chant des grillons troubler le silence abyssal de la vallée. Puis nous déroulons le fil de la journée dans la salle à manger. Nous étudions sur la carte la prochaine course que nous ferons avant d'attaquer le mont Blanc. En vérité, c'est surtout moi que cela concerne car ces courses font partie de mon entraînement, il n'est pas envisageable de monter à 4 800 mètres sans que j'aie passé au moins quatre jours à transpirer en altitude afin que mon organisme s'habitue à un niveau d'oxygène plus faible. On ouvre d'autres bouteilles, puis du cognac et, pour finir, un délicieux alcool de poire distillé par un voisin de Jean-Christophe. Je prends la dernière cigarette du paquet que j'ai ouvert au début de la soirée. Ma gorge brûle, mes doigts sont imprégnés de l'odeur de nicotine. La pièce, où flotte un nuage de fumée, est éclairée par la lumière un peu trop vive d'une lampe halogène. À travers les fenêtres, l'obscurité est plus désespérante que jamais, je l'imagine en train de comprimer et d'avaler mon rêve d'ascension comme un boa constricteur.

Dans la quête qui m'anime, il y a la nécessité de m'affranchir des souffrances auxquelles pourtant je tiens. Au mitan de la vie, je prends conscience que je m'accroche autant à ce qui m'élève, mes rêves, qu'à ce qui me rabaisse, mon « misérable petit tas de secrets ».

Je me réveille avant la sonnerie du téléphone, après une courte nuit. Comme chaque matin, je prends un anxiolytique et, en plus, un Doliprane. Personne au rez-de-chaussée, les trois autres dorment. Nous sommes le lundi 1er juillet, premier jour des deux mois du véritable été. Dehors, la lumière nette du soleil accentue les contours du relief. J'ai l'impression d'avoir gagné deux dixièmes à chaque œil tant les choses m'apparaissent distinctement. Un programme plutôt fastidieux m'attend. Nous allons nous entraîner aux Contamines, sur ces parois austères qui servent à la pratique de la varappe. Nous avons prévu d'y passer la journée, mais à 9 heures personne n'est levé. J'écoute de la musique sur la terrasse avec un café et des gâteaux secs. Je m'examine : pas de courbature ni de brûlure, toute la machine tient sur la tension nerveuse et il en sera ainsi tant que je n'aurai pas mis un pied sur les pentes du mont Blanc, jusque-là, la mobilisation de mes nerfs fera écran à la douleur et à la fatigue. Jean-Christophe me rejoint sur la terrasse, mécontent de s'être levé si tard. Il a eu une insomnie et s'est endormi à l'aube.

Il me reproche avec ironie de l'avoir fait boire. Il avale un grand bol de café, grignote à peine une tartine puis se retire dans le salon. Un quart d'heure plus tard, la maison s'anime. Daniel consulte son ordinateur portable pour suivre les dernières nouvelles de l'équipe de France junior d'escalade, Sylvain travaille sur une immense table en bois entourée de bancs rustiques. À l'autre bout de la pièce, Jean-Christophe, le bras tendu, armé d'un pistolet à plomb, vise une cible accrochée au mur. Daniel et Sylvain sont dans sa ligne de mire. Des petites balles sifflent au-dessus de leurs têtes. Apparemment, je suis le seul à trouver cette situation dangereuse. Jean-Christophe baisse le bras et se tourne vers moi :

— Pas fichu d'en mettre une dans le mille. Tout ça, c'est à cause de toi. J'ai recommencé à cloper et ça me fait trembler, dit-il en plaisantant. Bon, on va s'en griller une dehors ?

Sylvain et lui ont en commun cet humour un peu féroce forgé par les épreuves d'une vie agitée. Leur complicité est forte, ils sont amis depuis une quinzaine d'années et, curieusement, n'ont jamais fait ensemble de sortie en montagne.

Tout au long de cette journée d'entraînement aux parois des Contamines, je mesure la valeur réelle de mon niveau en escalade : c'est-à-dire moins que zéro.

Comment résumer huit heures d'apprentissage des techniques de grimpe ?

1 – La force réside essentiellement dans les jambes et non dans les bras.

2 – Il faut baisser son centre de gravité, plier les genoux et descendre les talons.

3 – Les nœuds sont aussi compliqués que pour la voile, donc impossibles à mémoriser.

À la fin de cette deuxième journée, je mesure avec quelle insouciance j'ai abordé l'ascension d'hier. Peut-être est-ce ainsi qu'il faut avancer dans la vie ? Sans connaître la valeur des enjeux ni les dangers que nous courons à tenter telle ou telle chose. L'apprentissage de ces nouvelles techniques de placement de pied et de main m'a rendu presque plus craintif qu'avant de les maîtriser. Si je devais retourner à la pointe Percée aujourd'hui, je serais cloué par la peur sur le parking du col des Annes. Sylvain et Jean-Christophe ont escaladé des voies à côté des nôtres, empruntant des passages plus engagés, bombés de corniches abruptes qui obligent à passer à la force des bras, le corps dans le vide.

Jean-Christophe m'a montré une série de clichés qu'il a pris à notre insu. Il se passionne pour la photographie et il apprend à exploiter le potentiel de son nouvel appareil numérique. Les images qui défilent sur l'écran sont plutôt bien cadrées, je reconnais là le coup d'œil de celui qui m'a fait voir le matin même quelques aquarelles peintes lors d'un voyage en Espagne.

— De toute façon, je vais toutes les effacer, me dit-il.

Il est 19 heures et il fait encore chaud dans la vallée. Autour des arbres, au-dessus des herbes hautes, on voit tournoyer des nuées d'insectes. Je suis touché par l'évidence de l'été, par son pouvoir de nous arracher à la noirceur et stimuler en nous cette part animale qui nous pousse à vivre dehors. JC propose d'aller prendre l'apéritif à Chamonix. La ville est envahie par les montagnards du monde entier, on entend parler italien, japonais et russe dans les rues piétonnes du centre, même si tous les regards sont tournés vers la divinité tutélaire qui veille. La calotte blanche et déjà un peu orangée du mont Blanc se laisse caresser par les derniers rayons du soleil. Des bières fraîches arrivent sur la table, je m'aperçois que j'ai faim, car aux Contamines, nous n'avons déjeuné que d'amandes et de quelques tranches de saucisson. J'allume une cigarette pour calmer la faim et je descends presque d'une traite mon demi. Nous passons très vite une deuxième commande, je n'ai plus faim, je regarde le soleil qui, de sommet en sommet, semble jouer à saute-mouton. Quelqu'un demande ce qui est prévu pour le dîner. Pas de réponse. Je conduis au retour, lentement, grisé par l'air de la montagne et la présence de mes amis. L'iPhone branché sur l'autoradio, l'album de Daft Punk pulse dans l'habitacle et le vent chaud entre par les fenêtres. La tête penchée dehors, Sylvain commente le paysage et philosophe sur ce monde en proie à la surenchère sécuritaire.

— Un jour les autorités obligeront les piétons à porter des casques pour marcher dans la rue, affirme-t-il.

À l'arrière, Jean-Christophe raconte des anecdotes effrayantes sur des accidents de haute montagne.

En arrivant au chalet, nous fonçons directement à la cuisine. Plantés tous les quatre devant un frigidaire vide, on dirait quatre idiots qui ont découvert un ovni. Après une rapide réunion de crise, nous faisons trois constats et prenons une décision :

1 – Il n'y a rien pour le dîner.

2 – Aucun de nous n'est volontaire pour faire la popote.

3 – Nous sommes d'excellente humeur.

4 – C'est le moment de partir en virée.

Sylvain monte à l'étage s'enfermer dans sa chambre.

— Qu'est-ce qui lui prend ? me demande Jean-Christophe. Il est quand même bizarre ce type, ajoute-t-il en souriant.

Sylvain redescend dans un étrange accoutrement. Il a gardé son pantalon et ses chaussures d'escalade mais revêtu une chemise blanche, noué une cravate et enfilé une veste. Il me tend une autre chemise blanche, une cravate et une veste tyrolienne qu'il m'ordonne de mettre. Tandis que je m'exécute, Sylvain sort de sa poche un pipeau en cuivre et commence à jouer un petit air en bondissant comme un danseur du Bolchoï. Daniel, impavide, lui prête à peine attention, concentré sur un site de météo locale.

— Je vais le faire interner à Grenoble, me dit Jean-Christophe. Je connais bien les équipes là-bas, ils ont l'habitude des alpinistes.

Je rigole et emboîte le pas à Sylvain en dansant moi-même une sorte de gigue. Jean-Christophe traverse la pièce, prend son pistolet à plomb et annonce :

— Je vais les abattre tous les deux, ça vaut mieux, comme ça, ils ne souffriront pas, on ira les enterrer dans la forêt avec Daniel.

Le soir tombe lentement sur la chaîne des Alpes, le ciel est rouge et violet.

Dans la nuit, les phares trouent l'obscurité et les insectes font des étincelles dans les feux. Je sens l'odeur des sapins gonfler sous mon palais. Nous choisissons un restaurant bio. Décoration sobre, rétro, un vieux piano droit en bois clair contre un mur à proximité du bar où nous nous faisons servir une grande assiette de charcuterie, de fromage tranché, de crudités et de quelques fruits. Le patron pose deux bouteilles de vin non filtré.

Je demande à Daniel s'il est décidé pour la voie de demain.

— Oui, Sylvain va faire la tête mais on va sortir le mont Blanc par la voie Normale, Nid d'Aigle, refuge du Goûter. Comment tu te sens ?

— Bien, un peu fatigué, je crois.

— Ça ira mieux demain. On va tâter du glacier. Tu vas voir, c'est autre chose que les chaussons. Je te montrerai. On se lève tôt pour arriver avant la foule au téléphérique du Midi. On descend et on remonte par l'arête des Cosmiques. C'est technique mais très beau. Ce sera bon pour toi.

Cette fois, toute la progression se fera au-delà de 3 850 mètres. Ce sera un effort intense bien que Daniel le minimise et je serai pour la première fois confronté au fameux mal des montagnes. Y suis-je sujet ou pas ? Pas la moindre idée, la réponse est là-haut, comme tant d'autres ces derniers temps. Si je ne parviens pas à me délester un peu de quelques soucis, je risque de m'enfoncer dans la poudreuse, je suis peut-être un peu trop chargé pour monter… C'est à la fois le meilleur et le pire moment pour réaliser ce projet. Hasard du calendrier, dès lundi, à mon retour, je passe devant le juge avec la mère de mes enfants pour divorcer. Les derniers mois ont été d'une grande tristesse, j'étais « un petit homme de dos » qui se débattait contre la douleur et la tentation de passer à l'acte pour la faire cesser. La souffrance était telle que, certains soirs, je n'arrivais plus à rester chez moi, à Deuil-la-Barre. Mes enfants et mes parents furent ma camisole. Tout ce temps, j'ai été quelqu'un d'autre, je ne reconnaissais pas cet homme de profil, courbé par le malheur et qui mettait ses bras devant ses yeux pour parer les coups. Il fallait que je réagisse avant que d'autres que moi ne me reconnaissent plus. J'étais grand ouvert, n'importe qui pouvait se servir.

Je ne sais pas pourquoi mais Sylvain parle russe à côté de moi. Il se lève, empoigne la bouteille de vin rouge et se dirige vers une table occupée par trois femmes assez vulgaires et un jeune blond aux cheveux longs. Sylvain brandit la bouteille, dans leur langue, il leur propose apparemment de porter un toast. Les femmes éclatent de rire tandis que le blondinet sourit timidement. Ça remplit les verres, ça lève les verres, et ça les vide aussi sec. Puis Sylvain va s'asseoir au piano et entame un air du folklore slave. Ses mains d'alpiniste courent avec grâce sur le clavier, le buste légèrement penché en avant, une casquette sur la tête, il semble venir d'un autre siècle. Nous pourrions être dans le Paris des Années folles à Montparnasse. JC et Daniel s'amusent de ce nouvel épisode des aventures de Sylvain Tesson.

— Je ne savais pas qu'il jouait du piano, dis-je à Jean-Christophe.

— Oui, heureusement. Imagine s'il avait su jouer de la trompette, on aurait dû s'enfuir du restaurant.

Je me suis endormi tout habillé dans ma veste tyrolienne, je ne sais plus ni à quelle heure ni dans quelles circonstances. La lumière du jour m'a réveillé à 5 heures du matin. J'empeste la cigarette. Dans quelques heures, je suis censé escalader des glaciers dans le massif des Cosmiques malgré le mal au ventre qui me tenaille et l'appréhension qui déjà me gagne comme si un vide s'ouvrait à hauteur de mon sternum. Je suis tout proche de réaliser un rêve pour lequel je me suis entraîné plusieurs mois mais que je m'applique méticuleusement à saper. Qu'est-ce qui en moi saborde le bonheur ?

Je pars à la recherche d'un Doliprane. Jean-Christophe est déjà levé, il range la cuisine. Nous nous saluons, il a l'air en aussi piteux état que moi. Je laisse couler l'eau dans l'évier, le temps qu'elle refroidisse.

— La source, me dit Jean-Christophe. (Je ne comprends pas et je reste le doigt sous le filet d'eau pour prendre la température.) L'eau est raccordée à une source, il faut faire attention quand on tire dessus.

Cela me rappelle mon enfance dans les Cévennes, où l'eau était également une ressource précieuse et rare.

Dans le téléphérique de l'aiguille du Midi, je contemple le massif du Mont-Blanc dont la vue est de plus en plus grandiose à mesure que la cabine monte. Même de là, il paraît encore très loin. Un curieux mélange de populations s'agglutine dans le téléphérique. Pour moitié, ce sont des touristes légèrement vêtus, des Chinois, des Slovènes, des Russes, des Anglais, pour le reste, des alpinistes chevronnés où l'on compte aussi nombre d'étrangers. Les premiers sont dissipés et bruyants, les autres concentrés, ils parlent à voix basse en jetant des regards graves vers les sommets. Daniel nous annonce que nous partirons jeudi parce que la météo sera bonne pendant deux jours consécutifs. Il a réservé nos places au nouveau refuge du Goûter, qui vient d'ouvrir au public. Sur la plate-forme de départ de l'aiguille du Midi, nous attachons de féroces crampons en fer à nos chaussures de montagne. Je suis à genoux dans la neige, devant moi la pente oblique immédiatement vers la vallée Blanche qui dessine comme un grand virage. Sur la droite, au-delà de l'Aiguille, les trois poitrails de pierre, le mont du Tacul, le mont Maudit et le mont Blanc.

Nous descendons pour contourner l'arête des Cosmiques et nous placer à sa base afin de commencer l'ascension. Les cent premiers mètres sont raides, étroits, abîmés par les nombreux passages, et il faut évoluer avec précaution car les aiguillons de fer adhèrent difficilement à la glace rendue instable par la chaleur. Sylvain et Jean-Christophe sont en bas en quelques minutes. J'ai peur de tomber en avant, j'enfonce mon piolet à chaque pas, je sens mes bras trembler. Lorsque Daniel et moi avons rejoint les deux autres, je prends discrètement un Xanax. J'ai le pressentiment que la journée va être longue et âpre. Dans la descente vers le glacier, je ressens les effets des nuits courtes, du tabac, de l'alcool et de l'inquiétude. Il est 9 heures du matin, je suis déjà exténué, je transpire sous le duvet, l'écran total sur mon visage dégouline et me brûle les yeux. J'ouvre et je ferme le zip de ma veste sans trouver la bonne température. Cette fois, je n'arriverai pas au bout de la journée, mes compagnons m'ont distancé de plusieurs dizaines de mètres. La neige devient moins ferme, je m'enfonce jusqu'aux genoux et bientôt jusqu'aux cuisses. Je fais attention à ralentir l'allure, je pose un pied devant l'autre avec précaution dans la poudreuse. Lorsque j'arrive à leur hauteur, je lis une interrogation dans leurs yeux.

— Ça brasse, dit Daniel.

— C'est-à-dire ?

— La neige est profonde, on s'enfonce, on brasse, quoi. Regarde, on va grimper par là.

Daniel m'indique une trace qui remonte à pic vers un couloir glacé entre deux plaques rocheuses. Plus haut, c'est le début d'une série de pics hostiles qui hérissent le ciel jusqu'au minuscule bâtiment du téléphérique. Je vois mal comment nous allons réussir à marcher sur ces éclats de roche à vif. Pas le temps de se poser des questions, la cordée est déjà repartie, j'ai juste pu avaler une gorgée d'eau et grignoter quelques amandes. En les voyant progresser tranquillement devant moi, j'éprouve de la culpabilité à ne pas tenir le même rythme. Je suis en colère contre moi-même. Je risque de les décevoir, alors que tout cela est destiné avant tout à me faire plaisir. Autant que mes forces m'y autorisent, j'essaie de tenir la cadence, mon T-shirt est trempé de sueur. Au creux de cette vallée, la neige est partout, la réflexion solaire maximale, la lumière aveuglante malgré le verre fumé de mes lunettes. Je me sens plus lourd, plus essoufflé, la neige est encore profonde pour un mois de juillet. Je ne brasse pas, je coule. J'ai envie de frapper la poudreuse de rage avec mon piolet. Quand je les rejoins, ils ont déjà ôté leur veste, enfilé les baudriers, préparé les mousquetons, refermé leurs sacs à dos. Je n'ose accrocher leurs regards de crainte d'y lire de l'agacement. Je baisse la tête et me prépare aussi vite que possible. Le sang me bat aux tempes, je ruisselle, de grosses gouttes tombent de mon menton.

— Enlève deux couches, me dit Daniel.

— Une devrait suffire.

— Non, deux, réplique-t-il fermement.

Je me retrouve en T-shirt, comme les autres, la peau humide au contact de l'air des cimes. C'est une sensation agréable mais de courte durée. Nous sommes à la base d'une paroi rocheuse qui se termine par une aiguille acérée, 700 mètres plus haut. Trois tours Montparnasse. La voie que Sylvain et Jean-Christophe vont gravir forme un étroit couloir, coincé entre deux blocs où l'eau ruisselle puis se fige en une épaisse couche de glace où sont emprisonnés des éclats rocheux.

Exposée aux rayons du soleil, la surface fond et devient friable comme la croûte d'un crumble. Il faut donner des coups de pied terribles pour enfoncer les huit centimètres des crabes.

Vus par en dessous, les gestes des deux hommes ont l'air simples et naturels. Daniel m'encorde à lui, il passe devant, me dit d'attendre qu'il ait escaladé quelques mètres afin de m'assurer par le haut. D'une voix posée, il me prodigue ses conseils. Je me lance. Les premiers mètres sont franchis sans difficulté, le couloir est encore large, la glace suffisamment solide pour accrocher les pointes. Daniel repart, je le vois prendre son temps, réfléchir à ses placements de pieds et de mains.

Il s'arrête et se retourne :

— Tu vas suivre exactement le chemin que j'ai pris. Je t'ai creusé des traces, c'est là où tu mettras tes pieds. C'est facile, dit-il, les mains en porte-voix.

— D'accord, je réponds, la gorge sèche.

Je m'applique à suivre scrupuleusement ses traces, je prends mon temps, je réduis mon champ visuel à ce qui se passe sous mes mains car je sens l'angoisse renaître, moi qui me croyais immunisé contre ce poison depuis la pointe Percée. Rien ne peut vous prémunir totalement contre les affres de la montagne. La pente est devenue verticale, si je pars en arrière, je devrai encore une fois compter sur l'agilité de Daniel pour ne pas dérocher. J'ai de plus en plus de mal à enfoncer les crampons, les pieds dérapent, j'essaie de m'arrimer fermement aux prises avec les mains. Je suis crispé, mon souffle est court. La couche de glace s'est appauvrie, la roche est pourrie, à chaque coup de crampon, des morceaux de pierre se détachent et dégringolent avec fracas entre mes jambes.

— Avance ! Ça passe ! hurle Daniel.

— Ça dérape, Daniel.

— Non, ça va, appuie bien sur tes talons.

Je frappe aussi fort que je peux la surface noire émaillée de glace mais la pointe de mes crampons bute presque aussitôt sur la roche. Pas simple dans ces conditions d'appuyer sur les talons. Je fais n'importe quoi, j'attaque à l'aveugle avec colère, mes gestes sont désordonnés. Cinquante mètres plus haut, j'aperçois Sylvain et Jean-Christophe qui prennent d'assaut la maudite cheminée. À cet instant, ce sont des forçats de l'escalade. Les pierres dégringolent tout autour de moi, je dois me ranger sur le côté pour éviter les plus grosses. Ils passent en force, leurs piolets s'élèvent dans l'air et pilonnent la roche.

— C'est bon ! hurlent-ils.

— Allez, Ludo ! me dit Daniel qui n'est plus qu'à quelques mètres.

J'arrive éreinté, mes genoux me font mal, j'ai perdu toute confiance en mes capacités. La petite corniche sur laquelle nous nous arrêtons surplombe la cuvette immense où j'ai brûlé une bonne partie de mes forces tout à l'heure. Daniel est adossé au rocher, il consulte une carte où sont inscrites les différentes voies pour atteindre le premier sommet. Il a compris que je n'y arriverai pas en suivant cet itinéraire. Il cherche un autre moyen d'y parvenir. Le couloir est trop technique pour moi, j'ai atteint mes limites.

— Repose-toi, reprends ton souffle, dit-il, ce n'est pas grave.

J'essaie de reprendre mon souffle, de ne pas me laisser paralyser par l'appréhension du vide. Daniel et Sylvain se mettent d'accord pour qu'on se rejoigne plus tard, ils vont continuer à suivre le tracé vers l'arête.

— On va descendre en rappel jusqu'à notre point de départ, dit Daniel. (Il prépare le baudrier, le reverso pour le rappel de corde puis scrute attentivement notre trajet en aval.) Je pars le premier, dit-il, tu partiras une fois que je suis posé en bas. Tu feras comme je t'ai montré hier, tu t'assureras tout seul pour descendre. Ne va pas trop vite. Regarde comment je fais. Pas de geste brusque, tu donnes du mou doucement.

Il s'assied dans le baudrier, jambes tendues contre la paroi, le corps à l'aplomb du vide. Je le vois disparaître avec lenteur. Je me sens un peu découragé, nous allons recommencer à zéro, tous ces efforts ont été inutiles, où vais-je trouver la force pour continuer ? Je l'entends me crier d'y aller. Le plus calmement possible, je m'applique à reproduire son exemple. J'enlève un à un les dégaines que j'accroche à mon baudrier. Leur métal tinte à chacun de mes gestes. C'est le premier échec depuis notre arrivée. Je ressens concrètement l'hostilité de la montagne, il n'y a pas d'arrangement possible ici, pas de place pour la négociation. Malheur à celui qui préjuge de ses forces.

Une fois en bas, Daniel me dit que nous devons contourner le massif pour l'attaquer par une voie plus accessible. Je brasse dans la neige rendue lourde par le soleil intense de midi. Au pied de la montée, je demande à Daniel que nous nous accordions une pause au refuge que j'aperçois sur la gauche. Il hésite, semble calculer mentalement le temps qu'il va nous falloir pour avaler un sandwich et une bière.

— Bon, d'accord, on ne perd pas de temps, la dernière cabine pour la vallée est à 17 h 30.

Pendant que nous mangeons, il me montre le programme de l'après-midi. Sur la carte, les pointillés ne m'inspirent rien, sinon des doutes, j'ai appris à me méfier de ces tracés qui semblent courts et faciles, et qui rendent rarement compte de la réalité du terrain. La seule chose vraiment incontestable, c'est ce bloc qui dresse son dos hérissé de lames brunes en face de nous. L'ascension promet d'être longue et fatigante. Dès les premiers mètres, je comprends que je vais en baver. Je prends un Xanax par précaution, je n'en ai jamais consommé autant. Je repense avec amusement à cet âge de ma vie où j'hésitais à prendre ne serait-ce qu'un demi-comprimé.

— C'est dur, Daniel. Plus dur qu'avant-hier.

— Normal, on est au cœur du berceau. Ici, c'est de la haute montagne, chaque geste se paye. Allez, courage, reste bien concentré, tu vas y arriver.

Nous enchaînons les passages périlleux, j'avance sans broncher, espérant à chaque nouvelle étape qu'elle sera la dernière. Je ne réfléchis plus, je ne me projette plus, je subis la montagne comme si elle me roulait entre ses épaules terribles, faisant de moi un jouet impuissant dont elle s'amuserait. Même le vertige ne m'atteint plus, je suis un boxeur sonné qui n'attend plus que le dernier crochet qui le mettra K.-O.

En haut de la première arête, nous marquons une pause plus longue. Des nuages se sont accrochés au massif, la température est tombée. Nous sommes dans un environnement opaque, je frissonne sous les gouttelettes d'eau, la transpiration sur mon T-shirt est glaciale. J'éprouve un vague sentiment de mélancolie. Passer du soleil éclatant à ce manteau de brume engourdit l'esprit. Une cordée de deux jeunes types nous rattrape. L'un est plus aguerri que l'autre, cela se devine à son équipement usé. Nous échangeons quelques mots avec le novice.

— Pas facile, me dit-il.

— Non, surtout que je n'ai vraiment pas l'habitude.

— Quand même, c'est pas facile, répète-t-il avec le sourire.

Son compagnon lui donne un ordre, ils disparaissent dans les rochers et le brouillard.

Notre montée a été plus rapide que prévu, nous sommes à proximité de la télécabine. Daniel a envie de se dégourdir les doigts et les jambes en attendant que Jean-Christophe et Sylvain nous rejoignent. De grands aplats de ciel bleu apparaissent maintenant entre les nuages, nous ne sommes plus prisonniers de leurs cellules capitonnées, je retrouve les perspectives majestueuses des Alpes. Daniel m'entraîne un peu en contrebas, là où il a repéré une courte voie qui va lui servir de terrain de jeu en attendant les autres. Comme pour les séismes, le degré de difficulté en escalade est gradué selon une échelle de 1 à 10. Le 10 n'existe pas, c'est un maximum théorique, les voies les plus périlleuses au monde sont estimées à 9+. Celle-ci est graduée à 8, ce qui signifie que seul un très petit nombre de grimpeurs est capable de l'aborder. Pour les alpinistes chevronnés qui passent par là, Daniel devient un point d'attraction. J'observe la surface lisse où il rampe comme un reptile, ses mouvements sont lents, constants, des anfractuosités invisibles lui servent à adhérer à la paroi. Tout se passe sur le bout des doigts et la pointe des pieds. Il glisse comme aimanté à la roche. Il s'arrête, renverse la tête en arrière, cherche une prise qui n'existe que dans ses yeux, la trouve, et pour ainsi dire la crée, car à un tel niveau de maîtrise, c'est de la création. Son bras se tend alors que ses jambes rebondissent déjà doucement pour le propulser vers le haut. Il atteint le premier relais. Il se tourne vers moi :

— Sec, me dit-il.

Je tire sur la corde de rappel afin qu'elle soit bien tendue en cas de « vol ».

— Non, c'est humide, dit-il, je vais redescendre, tu me prends en rappel, O.K.?

Je m'assure de mes appuis, je sens le poids du corps qui, à l'autre bout de la corde, prend place dans le baudrier. Curieuse sensation que d'avoir entre les mains la responsabilité de la vie d'un champion du monde d'escalade. Je laisse filer lentement Daniel qui se pose dans la pierraille.

Sylvain et Jean-Christophe surgissent derrière la paroi en aval, leurs visages marqués par la fatigue. Ils regardent le bloc auprès duquel Daniel charge le matériel dans son sac.

— C'est du combien ? demande Sylvain.

— Du 8, je crois, dit Daniel avec modestie, mais c'est trempé à partir de la moitié. On ne peut pas aller plus haut.

Sylvain hésite à relever le défi, mais Daniel lui rappelle que la dernière cabine descend dans une demi-heure et qu'il ne faut pas traîner si nous voulons éviter de camper dans les couloirs gelés de la station. Lorsque nous arrivons là-bas, une équipe d'ouvriers de haute voltige est à pied d'œuvre sur les façades du bâtiment. Parmi eux, pendue à un filin, une jolie jeune femme nous interpelle énergiquement. Elle s'exprime comme un homme, sa voix est grave, son langage rugueux, émaillé de mots orduriers.

— Ben quoi, ils sont paumés ceux-là ! beugle-t-elle. Encore cinq minutes, vous étiez bons pour vous geler les couilles à pioncer par terre dans le couloir. Y sont cons, ces Parigots !

Elle éclate de rire en voyant nos têtes et nous traite de « petits couillons ». Nous traçons sans demander notre reste.

C'est jour de relâche, aujourd'hui. Demain, jeudi, nous attaquons l'ascension du mont Blanc. Daniel récapitule avec moi les consignes de base pour la cordée. Il fait le point sur ce que j'ai appris ces derniers jours. L'essentiel, je le sais maintenant, tient dans la manière d'exécuter quelques gestes élémentaires avec calme et application. Bien que Daniel évite d'employer le mot « discipline », la réussite de notre équipée tient à ma capacité à me plier aux exigences de ce sport. Mais j'ai parfois du mal à me laisser convaincre par son discours quand je vois avec quelle décontraction Sylvain et Jean-Christophe se comportent. Je le lui fais remarquer avec une pointe d'humour.

— Eux, c'est pas pareil, réplique-t-il sèchement, ils connaissent la montagne. Ne te fie pas aux apparences, ce sont d'excellents grimpeurs, ils ne prennent pas de risques inutiles, ils connaissent leurs limites et les dangers. Toi non, alors reste vigilant.

Nous remplissons nos sacs à dos. Daniel contrôle un par un chaque vêtement, chaque objet que j'emporte. Il ne faut rien oublier, mais ne pas trop charger la mule. J'emporte :

Une paire de guêtres
Un pantalon coupe-vent
Un pantalon doublé Gore-Tex
Un pull en polaire
Un sous-pull en microfibres
Un T-shirt en microfibres
Deux paires de chaussettes (épaisses et légères)
Deux caleçons
Une casquette
Un baudrier
Des crampons
Deux paires de gants (épais et légers)
Des chaussons d'escalade
Un piolet
Une lampe frontale
Un casque
Des lunettes de glacier
Un tour de cou en polaire
Une veste K-Way
Une veste doublée en polaire
Une gourde
Des dégaines
Des barres énergétiques + des amandes
De l'écran total + un stick à lèvres
Un paquet de cigarettes + un briquet
Xanax + Stilnox + Doliprane
iPhone + écouteurs + Carte Bleue + 50 euros

Une fois le sac bouclé, Daniel le soupèse, tire sur les sangles et les attaches. Il me passe le sien, comme dans un rituel initiatique :

— Il est plus lourd que le mien, dis-je naïvement.

Il sourit et me répond qu'il emporte des équipements supplémentaires, une trousse de secours, une deuxième gourde, des dégaines, des coinceurs, un couteau, deux cordes de cinquante mètres, du saucisson et du jambon cuit.

Je tourne en rond dans le chalet de Jean-Christophe, j'observe à la jumelle les pentes du mont Blanc passées à la chaux vive. Le dôme en aluminium du refuge du Goûter étincelle au soleil, tout semble souverain là-haut. Je sens monter en moi l'impatience d'affronter le sommet. J'enfile un short, un T-shirt, des Nike Pegasus, je pars trottiner sur la petite route qui descend au village. Dès les premières foulées, la tension se dilue dans les pulsations du muscle cardiaque. J'accélère le rythme, la pente m'est favorable. L'accélération du cœur neutralise l'adrénaline, principal vecteur des pensées obsédantes. À cause de l'alcool je transpire davantage, mais j'aime cette sensation de la sueur qui coule sur mon visage, mon torse, j'ai l'impression qu'autre chose s'évacue. D'une certaine façon, ça remet les compteurs à zéro.

Je cours à l'ombre des sapins, dans les effluves sucrés de la résine, je vois tout, rien ne m'échappe, je capte le moindre mouvement dans la pénombre du sous-bois. Puis, sur la route, en plein soleil, le goudron renvoie la chaleur comme une plaque de four, je ralentis ma foulée. Le cœur cogne fort dans ma poitrine, je me dis que ce n'est rien comparé à ce qui m'attend demain, alors je m'accroche à mon souffle, à mon rêve, et pourvu que cela tienne. Je m'arrête devant un abreuvoir en bois près duquel ruminent quelques vaches. J'y plonge les mains et rafraîchis mon front en feu, l'eau dégouline, j'ai le goût de la vase et du foin dans la bouche. Il ne manquerait plus que je chope une bactérie. Plus loin, je passe devant une ferme où deux gaillards, torse nu, déchargent des sacs de ciment d'un pick-up déglingué vers un hangar. Ils me fixent d'un air moqueur : ils voient un nigaud de Parisien en baskets orange fluo et casquette de base-ball rouge. Je me sens vaguement ridicule vis-à-vis d'eux qui travaillent en plein cagnard. J'accélère, je contourne la ferme par un sentier qui me ramène devant l'église du village. Je voudrais y entrer mais la porte est verrouillée. Je prie Dieu de m'aider demain en me signant sous le crucifix du frontispice. Parfois je crois qu'Il m'entend, mais jamais comme je le voudrais. Dieu et le mont Blanc sont comme deux divinités impénétrables, on s'use les nerfs à les invoquer, mieux vaut s'en remettre à la Providence. Je ne me vois pas expliquer ce point de vue à Daniel, il me prendrait pour un fou. Ce que je suis sans doute pour courir alors que le soleil est à son zénith. Je ne croise personne, si ce n'est une vieille femme immobile sur le seuil d'une maison en pierres, son visage ocre pareil au calcaire de la pointe Percée.

Je décide de remonter au chalet. En chemin, je tombe sur trois génisses en liberté qui barrent la route et poussent de longs beuglements. Je tente de négocier un droit de passage, mes paroles n'ont aucune portée, elles beuglent de plus belle, bien décidées à rester sur place. Elles ont l'air inoffensives mais on ne sait jamais. Mieux vaut sauter par-dessus le fossé, tracer à travers bois, au milieu des fougères et des orties qui me brûlent les mollets. Je récupère la route hors d'haleine, la pente est raide à cet endroit mais j'accélère, comme pour me punir de mes derniers excès, je prends de profondes inspirations pour ne pas m'asphyxier.

Au chalet, personne n'a remarqué mon absence. Sylvain écrit sur son ordinateur portable. Assis à la table de la terrasse, Jean-Christophe prend des notes dans un carnet. Devant lui, une bière et un cendrier où se consume une cigarette.

— C'est malin, à cause de toi, je n'arrête pas de fumer. Tu en veux une ?

— Là, je viens de courir.

— Allez, tu ne vas pas me laisser fumer tout seul quand même ? Assieds-toi et prends une bière fraîche.

J'obéis. La première gorgée me fait du bien. Il me tend le paquet. J'avale une bouffée. Quel bonheur.

— Merde, c'est bon de s'intoxiquer.

La tête me tourne, je m'appuie au dossier de la chaise et bascule en arrière, les yeux clos face au soleil. Je vois un écran orange où ondulent des spirales jaunes et vertes.

— Eh, ne t'endors pas ! Regarde avec les jumelles l'arête des Italiens, il y a une cordée, dit Jean-Christophe en tirant sur sa cigarette.

Je distingue une petite chenille noire qui tremble sur la lame blanche de la crête. De chaque côté, il y a du « gaz », comme disent les alpinistes, c'est-à-dire un gros vide, au moins 1000 mètres, ils sont comme des équilibristes avec des moufles. Mais, vu d'ici, leur exploit me paraît dérisoire, à quoi bon prendre de tels risques ? En posant les jumelles, je suis gagné par le découragement, j'ai envie de rentrer à Paris, d'aller me terrer au fond de mon appartement et d'en finir avec toutes ces gesticulations inutiles.

— Tu comprends mieux pourquoi on ne pouvait pas passer par l'arête des Italiens. C'était de la folie avec ton niveau. Sylvain ne se rend pas compte parfois, dit Jean-Christophe.

Je reprends une gorgée de bière, j'allume une autre cigarette, le sol vacille. Mais je rassemble mes forces et j'avale un morceau de pain trempé dans de l'huile d'olive.

— Je peux te poser une question, Jean-Christophe ?

— Oh, là là ! Qu'est-ce qui t'arrive ? J'ai oublié mon carnet d'ordonnances, tu sais.

— Pourquoi tu fais tout ça ? Je veux dire, aller au mont Blanc avec nous, tu l'as fait vingt fois.

Il tourne la tête, prend les jumelles, les repose.

— Qu'est-ce qu'il y a comme lumière, où est-ce que j'ai fichu mes lunettes ?

Je regarde ailleurs, moi aussi.

— Tu crois que je vais y arriver ?

Son visage devient attentif, il fixe le mont Blanc en silence, un long moment.

— C'est sûr que nous avons passé une drôle de semaine tous les quatre et qu'en matière de préparation physique, je connais de meilleures méthodes. Mais oui, tu vas y arriver. Tu as une bonne caisse. Après, on ne sait jamais comment l'organisme réagit en haute altitude, ça reste *the big question*.

— Ça veut dire quoi une bonne caisse ?

— Avoir un bon cœur. Tu tiens bien l'effort. C'est pour ça que le plus important ces derniers mois c'était que tu fasses beaucoup de jogging ; même si tu clopes et que tu prends des cuites, on s'en fiche.

— T'es un drôle de médecin quand même.

— Ben moi, quand je regarde Sylvain, j'ai l'impression d'avoir un aliéné dans mon salon. Regarde-le avec son cigare et sa casquette de capitaine Haddock. C'est n'importe quoi.

— En fait, c'est le docteur Gonzo. Tu as lu *Las Vegas Parano* ?

— N'empêche, c'est con d'avoir recommencé à fumer, tu fais chier.

— Je l'ai fait uniquement pour te rendre service, pour t'éviter de culpabiliser. Et je te signale que tu fumes plus que moi.

— C'est parce que je suis plus grand en taille, donc j'ai de plus gros poumons. C'est purement physiologique.

— Ah, d'accord ! Je vois. En tout cas, tu as l'air en forme.

— Tu parles, j'ai plus rien dans les bras, c'est une misère. Je n'ai plus votre âge, les gars.

— Je suis inquiet pour le mont Blanc, je ne sais pas si je vais y arriver.

— Ça ira mieux dans quelques jours. C'est dommage que tu repartes lundi. Huit jours, c'est trop court. Il faut bien deux semaines pour se retaper en montagne. Regarde, moi, je suis en train d'attraper une bronchite avec vos bêtises.

Jean-Christophe éclate de rire. On ne peut pas dire que je sois rassuré, mais ça tangue moins sous mes pieds et je me sens moins seul maintenant que je sais que lui non plus n'est pas complètement d'attaque.

Il n'y a que Daniel et Sylvain qui tiennent ce rythme festif qui est sans doute le tempo habituel de leurs expéditions. Apprendre à se connaître à la montagne, c'est partager l'amitié mais plus encore les joies du débordement.

Le reste de l'après-midi se passe à commenter les différentes étapes de la Voie Royale. J'ai en tête le roman d'André Malraux qui porte ce titre. J'avoue que je ne l'ai pas lu. Si Malraux fut un écrivain flamboyant et un grand visionnaire, je ne pense pas que ce soit dans ses romans. Il ne fut jamais aussi inspiré que dans ses *Antimémoires* au style exalté et furieux. Quelque chose du geste de l'artiste se prolonge dans son engagement sur le terrain qui s'accorde exactement à sa pensée, quelque chose qui pense dans l'action, dans la surchauffe du corps. Je repense à la seule photo qui est sur mon bureau, on y voit mon grand-père recevant une décoration des mains d'André Malraux. Ce serait donc ici que m'a conduit le mystère de cette photo, face au défi implacable de la haute montagne.

Vers 18 heures, Sylvain, Daniel et Jean-Christophe préparent l'apéritif que nous prenons sur la terrasse. Les canettes de bière qui restent sont vite éclusées, la fin d'après-midi est moite, quelque chose transpire dans la vallée, d'un peu écœurant, qui colle à la peau, on ferait n'importe quoi pour s'en libérer. Sylvain ne tient plus en place, il tourne comme un frelon autour de la table, je propose que nous descendions à Saint-Gervais faire des provisions pour le dîner.

— On va se payer du champagne pour fêter ton ascension, Ludovic ! dit Sylvain.

— On va fêter ce soir le mont Blanc, comme ça, si on n'y arrive pas, on aura quand même arrosé notre expédition.

— Arrête, tu vas nous porter la poisse, dit Daniel.

J'ignore si cette remarque est sérieuse car Daniel n'est vraiment pas du genre à porter des amulettes autour du cou ni à embrasser des gris-gris avant de partir en montagne.

— Tu rigoles mais ça pourrait bien nous arriver, dit Jean-Christophe. Vous avez lu le journal de Chamonix ce matin ?

— Ça fait une semaine que je n'ai pas ouvert un journal, dis-je. On s'habitue vite à couper les ponts avec les mauvaises nouvelles.

— Trois gendarmes sont morts là-haut, hier. Ils ont été emportés dans une avalanche. Tu te rends compte ? Ces gars-là n'étaient pas des débutants, ils s'entraînaient avec le peloton de gendarmerie de haute montagne.

Daniel confirme gravement d'un hochement de tête, sans prononcer une parole. Chez les guides de haute montagne, les accidents ne sont pas seulement des titres sur papier imprimé mais des drames intimes. Sylvain se tait lui aussi, son meilleur ami est mort sous ses yeux à 17 ans, en faisant de l'escalade. Quant à Jean-Christophe, lui qui s'est souvent engagé dans des missions humanitaires en Afrique, de combien de tragédies n'a-t-il été le témoin ? Qui étaient ces gendarmes ? D'eux, on ne connaît que leur âge, moins de 30 ans. C'est le prix à payer pour assurer la sécurité des voyageurs venus du monde entier chercher une part de rêve dans le massif.

Sylvain remplit deux cageots de bouteilles de champagne, de gruyère, de brie, d'œufs, tomates, radis, saucissons et salades de pâtes. La voiture remonte dans la nuit à vive allure, je me sens vaguement coupable de céder une fois de plus à l'appel de la fête au lieu d'aller me coucher pour être en forme. Mais enfin, pourquoi cette obsession de l'hygiène de vie ? Après tout, je m'en fous, on verra bien.

Il est environ 2 heures du matin quand je réussis enfin à me traîner jusqu'à ma chambre. Ma gorge est en feu, mon estomac en vrac. Une demi-heure plus tard, je me lève et vomis discrètement dans les toilettes. Discrétion bien inutile car, en bas, mes amis chantent à tue-tête. Je ne sais pas ce qu'ils fabriquent mais le concert est épouvantable, une espèce de mélodie à l'harmonica, le plus souvent couverte par eux, qui chantent faux. Je vide mon sac à dos à la recherche d'un Stilnox. J'ai envie de pleurer quand, après avoir retourné la chambre pour trouver ma boîte de somnifères, je découvre qu'elle était posée sur la table de nuit. Je prends deux comprimés. Je traverse la chambre à quatre pattes jusqu'à la fenêtre par crainte de tomber. J'appuie mon front contre la vitre froide.

Un sommeil de cauchemars finit par m'emporter. Je suis dans un jardin à la campagne, c'est un après-midi tranquille, je suis allongé dans une chaise longue et je regarde le ciel soudain traversé par une petite formation d'avions de chasse. Je me redresse pour les regarder s'éloigner et comprends qu'ils sont les éclaireurs d'une escadrille plus imposante et menaçante. L'horizon est alors envahi de bombardiers gigantesques, volant à très basse altitude. Ils arrivent par vagues successives, escortés par des Mirage ultrarapides. Leur nombre, leur bruit sont effrayants. Les pieds dans l'herbe, je fais l'expérience de l'imminence de l'anéantissement. Je me réveille en nage. Il est 4 heures du matin. Maudits soient ces somnifères incapables de me faire dormir plus longtemps.

Je descends dans le noir et sors sur la terrasse. La nuit fraîche apaise un peu mon inquiétude. Assis sur la margelle en pierre, je frissonne, puis je m'allonge sur le sol en bois pour admirer le ciel d'une clarté sublime où brillent un nombre infini de « luminaires », comme il est écrit dans la Genèse. Dans mon demi-sommeil, dont je comprendrai le lendemain qu'il était une sorte de délire, je scrute la nuit, guettant le passage d'une étoile filante. Plus le froid m'engourdit, plus je m'obstine à attendre son apparition. Mon salut, j'en suis sûr, viendra de ce signe envoyé par le ciel, inscrit dans le ciel. Le hululement sinistre d'un hibou rompt le silence. Je m'assoupis quelques minutes, le temps de rêver à la traversée d'un point lumineux. Quand je reprends mes esprits, je ne sais si j'ai imaginé ou réellement vu mon étoile. Je fais un vœu. Enfin, je suis calmé, tout peut commencer. Je suis prêt.

Au réveil, je me sens étrangement serein, comme résigné à tout. Jean-Christophe prend une douche, les deux autres s'activent, le salon est baigné par la douce lueur de l'aube. En T-shirt et caleçon, je regarde par la porte-fenêtre de la terrasse. À ma droite, la masse vert foncé des sapins, à ma gauche, la vallée des Contamines qui semble fluorescente sous la lumière du soleil. Près de l'abreuvoir, un mouvement dans l'herbe. Soudain, deux petites oreilles apparaissent, puis la tête effarouchée d'un lapin. Il fait un bond, se dresse sur ses pattes arrière, aplatit ses oreilles et tourne la tête dans tous les sens. Je suis fasciné par le spectacle : ce petit animal sauvage a chassé de mon esprit les dernières images confuses de la nuit.

Sans attendre les autres, je découpe de grandes tartines que je mange avec de la confiture de mûres sauvages. Daniel vient d'asseoir à côté de moi, il est déjà tout habillé, son visage ne laisse deviner aucun trouble.

— Tu as raison de bien manger, dit-il, il va falloir faire des réserves pour les deux prochains jours.

N'oublie pas de boire. Tu es sûr que tu n'as rien oublié ?

— Non, on a vérifié ensemble.

— Il te manque un truc très important. Un sac-poubelle. On ne jette rien en montagne. Tout ce qui monte avec nous descend avec nous, ce qui inclut les mégots de cigarette et de cigare. C'est un principe que respectent tous les alpinistes.

9 h 30. Nous prenons place dans le train à crémaillère qui part de la gare de Saint-Gervais et monte à la vitesse de 30 km/h jusqu'au col du Nid d'Aigle. Les wagons en bois grincent à chaque virage, l'allure est si lente qu'on a l'impression qu'on pourrait descendre et marcher à côté. Un panneau dans le hall de la gare indiquait que la mise en service remontait à 1954 et rien ne semble avoir changé depuis. À bord, il y a surtout des promeneurs, des touristes. Les alpinistes, moins nombreux et accompagnés de leurs guides, se reconnaissent à leur air concentré. Depuis quelques années, l'accès au mont Blanc est encadré beaucoup plus sévèrement. Dix grimpeurs ont déjà trouvé la mort depuis le mois de juin. Le train arrive à son terminus à 10 h 30, nous sommes à 1 590 mètres d'altitude. Je découvre des alpages d'herbe rase où, de loin en loin, se dressent des roches recouvertes de lichens dont les teintes rappellent le tweed écossais. Sans nous attarder, nous nous engageons sur un chemin caillouteux. Sylvain et Jean-Christophe marchent en tête, cinquante mètres devant.

— On va chercher le glacier de Bionnassay, ensuite on montera au refuge de Tête Rousse, dit Daniel.

Il me tend la carte pointant du doigt une trace qui traverse une grande étendue blanche.

Nous cramponnons au bord du glacier, le soleil a laissé place à un épais brouillard où voltigent de minuscules particules glacées. La température a chuté de moitié et ne doit pas dépasser les 8 °C. Je suis un peu déçu par l'arrivée du brouillard, qui me prive sans doute d'une vue magnifique sur le glacier. Cramponner est une opération délicate. Tous les équipements techniques que j'utilise m'ont été prêtés. Les chaussures sont à Sylvain, elles sont trop grandes, de sorte que je suis obligé de tirer à mort sur les lacets, afin de bien maintenir mes chevilles. Mais en dépit de deux épaisses paires de chaussettes de laine, mes talons se soulèvent quand je marche, je crains qu'à la longue les frottements ne me blessent. Je ne l'ai pas encore dit à Daniel mais je sens déjà une brûlure au talon gauche. Une fois les crampons fixés, la pression sur la partie douloureuse est devenue plus forte. Je préfère me taire, j'espère bêtement que la douleur disparaîtra d'elle-même.

À cause de l'écran de brume, nous évoluons dans un paysage glauque où la neige a des reflets gris. Et puis, soudain, nous sortons des limbes et découvrons un panorama vigoureux dominé par l'aiguille des Bionnassay. Sylvain et Jean-Christophe se sont arrêtés, visiblement ils ne sont pas d'accord sur l'itinéraire. Daniel me conseille de m'asseoir, d'en profiter pour boire, et d'ôter mon K-Way. Depuis que nous avons quitté le sentier, nous n'avons croisé personne, j'éprouve la curieuse sensation d'être seul, isolé au creux de cette vallée où je ne distingue aucune trace.

— Bon, me dit Daniel, on ne va pas prendre le chemin habituel. Sylvain pense que l'on peut couper en passant par cette combe devant nous. Derrière, on rattrapera la voie pour Tête Rousse.

Sylvain a l'air ravi d'improviser ce nouveau passage.

— Tu vas voir, c'est facile, me dit-il, on va gagner du temps, le refuge est juste derrière.

Déjà presque midi, le soleil est à la verticale, ses rayons dardent comme un brasier suspendu. Nous nous mettons en route, Sylvain passe en tête. Daniel m'a encordé à lui car nous progressons toujours sur le glacier et les risques de tomber dans une crevasse sont importants. Il a encore neigé le week-end dernier, le manteau neigeux est épais mais les températures élevées le liquéfient à vue d'œil. L'apparente placidité du glacier est un leurre, une manière redoutable de piéger les alpinistes et de les avaler dans ses entrailles, froides comme des chambres mortuaires. Les crevasses sont profondes de plusieurs dizaines de mètres, aucun secouriste n'y a accès. Régulièrement, le glacier recrache des cadavres vieux de plusieurs décennies. Daniel avance avec précaution, son regard balaie la surface morne comme si ses yeux étaient pourvus de rayons X. Parfois, sans raison apparente, il tourne, fait un détour, alors que le plus simple serait de tracer tout droit pour rejoindre l'autre rive du glacier. Nous sommes encordés assez long, cinq mètres nous séparent, Daniel m'explique que c'est propre à la marche glaciaire car, en cas de chute, la longueur de corde laisse au partenaire assez de temps pour ne pas être entraîné.

Le glacier franchi, nous nous arrêtons au bas de la première montagne. Nous allons grimper quelques dizaines de mètres sur les derniers névés avec les crampons, puis nous les enlèverons pour continuer sur le sec. Cette marche d'approche de deux heures et demie m'a fatigué, le soleil me brûle le visage et, dans la chaussure, la douleur est en train d'augmenter. J'essaie d'enfouir l'idée de la douleur et de la fatigue dans une crevasse de ma conscience.

— Sers-toi de ton piolet comme d'un appui afin de ne pas trop te pencher en avant dans la montée, me dit Daniel qui a sans doute remarqué mes signes de lassitude.

Ce qui devait être un chouette raccourci s'avère en réalité une voie piégeuse où nous sommes obligés de progresser sur de gros éboulis de pierraille. Daniel me recommande la plus grande prudence, il me détache de la corde et m'explique comment me comporter dans ce milieu hostile. Chacun de nos pas risque de faire rouler des cailloux qui eux-mêmes en entraîneront d'autres dans une avalanche de pierres. Je sens nettement sous mes semelles la surface instable toujours à deux doigts de se dérober. Les roches qui s'entrechoquent les unes les autres font le bruit d'une vieille mâchoire, le son rauque du fracas résonne de manière inquiétante dans la chambre d'échos de la vallée. La concentration que requiert cette escalade me vrille les nerfs et m'oblige à marquer une pause toutes les dix minutes. Je râle contre Sylvain et son raccourci. Daniel lui-même finit par admettre que ce n'était pas la meilleure option. Mais nous sommes déjà trop engagés pour rebrousser chemin. Il n'y a plus le choix, il faut passer. Et soudain, un cri : « Pierres ! Pierres ! » Un essaim de caillasses, vives comme des guêpes, s'abat dans notre direction. Daniel me tire instantanément à l'abri d'un rocher contre lequel se fracassent les grenades de granit. Je les vois piquer à toute allure sous nos yeux. Daniel hurle à son tour : « Pierres ! Pierres ! » Une fois l'alerte passée, je demande à Daniel pourquoi il a hurlé lui aussi alors que nous sommes les derniers. Il a l'air de ne pas comprendre ma question.

— Il y a peut-être d'autres randonneurs en bas, c'est un principe de base en montagne, avertir les autres.

— Tu as raison, mais je croyais qu'on était seuls, c'est pour ça.

Mon regard s'arrête sur une vieille canette de bière américaine toute cabossée. Cette vision m'attriste, je pense à saint Augustin qui préconise le repli intérieur face au spectacle ininterrompu et exclusif du monde. Il déplore que les hommes soient plus absorbés par la conquête des grands espaces que par la connaissance de soi.

Vers 14 heures, nous arrivons au refuge de Tête Rousse, un bâtiment rudimentaire dont les murs de ciment sont bardés de planches noircies. Au rez-de-chaussée une buvette accueille les alpinistes qui débarquent en nombre pour déjeuner. Le service est correct, sans plus. Les sandwichs n'ont pas l'air meilleurs qu'au refuge des Cosmiques. Nous achetons le strict minimum, des barres de chocolat et des cacahuètes. Il y a une grande terrasse en bois, Sylvain et Jean-Christophe sont assis par terre, adossés à la rambarde. Ils ont sorti de leurs sacs ce qui constitue depuis une semaine l'essentiel de notre nourriture, du pain, du saucisson, de la viande séchée, des amandes, du fromage à pâte cuite et des gâteaux secs. Je m'affale à côté d'eux, fâché contre Sylvain qui nous a entraînés dans ce détour inutile, où j'ai l'impression d'avoir gaspillé mes forces. Bouder à mon âge est sans doute grotesque mais la fatigue et la tension m'ont rendu susceptible comme un gamin. Je ferme les yeux pour tenter d'oublier ma mauvaise humeur. Je sens une main sur mon épaule. Sylvain, le sourire aux lèvres, me dit :

— J'ai apporté une surprise, tu veux la voir ?

Il tire de la poche intérieure de son blouson un sachet qu'il ouvre mystérieusement comme s'il s'agissait de cocaïne. Il en sort un pot jaune et rouge dont l'étiquette est en anglais. Son sourire s'élargit.

— C'est du beurre de cacahuètes, me dit-il, on va se régaler, je vais te faire une belle tartine, c'est plein d'énergie.

Jean-Christophe commente la scène :

— Du beurre de cacahuètes ? Il a emporté du beurre de cacahuètes ? Maintenant, ils vont manger des tartines de beurre de cacahuètes comme des gosses.

— Je sais que t'adores ça, lui répond Sylvain, et puis maintenant que tu t'es remis à fumer des cigarettes américaines, tu peux prolonger le plaisir. Spéciale dédicace à Tocqueville et Hemingway !

— Pauvre Tocqueville, dit Jean-Christophe. Bon, la prochaine fois, j'apporterai ma corde à sauter si je comprends bien.

Daniel s'approche, passe un bras autour de l'épaule de Sylvain et ajoute :

— Moi je propose qu'on joue à un-deux-trois soleil avec nos jolies voisines polonaises.

— En hommage à Bukowski, dit Jean-Christophe. Sylvain va aller leur parler, tu parles russe, pas vrai ?

— Il n'y a plus de rideau de fer depuis 1989 et l'on parle désormais couramment polonais en Pologne.

— Allez, en avant, interrompt Daniel. Il reste 1 200 mètres de dénivelé à se faire avant le refuge du Goûter.

Le couloir du Goûter… Ils ont bien fait de ne pas m'en parler à l'avance. C'est un long et étroit goulet de 300 mètres avec, en surplomb, des plaques de neige dont certains morceaux se sont déjà détachés. Et au-dessus encore, un amas de pierraille qui semble à peine retenu par ces plaques instables. Il n'y a qu'une seule trace pour traverser ce couloir. Pour le franchir, un câble en acier a été tendu à chaque extrémité, il est demandé aux alpinistes de s'y accrocher. Une cordée nous précède. Un premier homme s'élance, il court à toute allure sur la neige, dérape puis repart sous les encouragements de ses partenaires. Les deux autres lui emboîtent le pas. J'assiste au spectacle entre fascination et crainte.

— Pourquoi est-ce qu'ils courent comme ça ?

— Ça va être à toi, me dit Daniel pour toute réponse.

Il accroche mon baudrier au câble, vérifie l'arrimage de mes crampons puis m'attire doucement au bord du couloir.

— Quand je te dirai d'y aller, tu te mettras à courir jusqu'à ce que tu aies atteint l'autre bout, tu ne t'arrêtes pas, c'est compris ?

— Oui, mais pourquoi ?

— Je t'expliquerai plus tard. Tu es prêt ?

Je respire un grand coup et je hoche la tête.

— Vas-y !

Les dix premiers mètres sont irréels car la pente est raide, le passage étroit, fortement creusé par les traces des autres. J'entends glisser le mousqueton qui siffle le long du câble. Je dérape mais me rétablis aussitôt, derrière moi, Daniel hurle : « Continue ! continue ! » J'arrive de l'autre côté, les poumons en feu. Quand Sylvain me rejoint à son tour, il me donne la raison de cette étrange course.

— Il y a beaucoup d'accidents ici. Tu vois les pierres là-haut ? Avec la fonte des neiges, elles se décrochent et tombent dans le goulet comme des boulets de canon. En fait, il y a tellement d'accidents mortels ici que les gens l'ont appelé le Couloir de la mort.

— C'est une vraie saloperie, ce passage, dit sobrement Jean-Christophe. Et encore, j'ai connu des moments où c'était pire, il n'y avait presque plus de neige et on ne pouvait pas s'accrocher au filin. Tiens, regarde…

Le craquement sourd d'un arbre qu'on abat résonne soudain et une masse de neige et de caillasse mêlées déferle dans le goulet. Après quelques minutes, tout redevient calme, un autre alpiniste s'élance déjà.

Mes camarades m'annoncent qu'il nous faudra encore trois heures d'escalade pour atteindre le refuge du Goûter. Je réclame à Daniel que nous marquions des arrêts plus fréquents. Sylvain et Jean-Christophe décident de partir devant et de nous retrouver au refuge.

À chaque pause, je m'assieds et regarde vers le haut. Ce satané bâtiment en forme de soucoupe volante semble inatteignable. Après deux heures d'efforts, il est toujours aussi petit, ce qui entame sérieusement ma volonté.

— Tu es fatigué ? me demande Daniel.

— Oui, je n'ai plus aucun jus.

— C'est normal, me rassure-t-il en consultant son altimètre, nous sommes au-dessus de 3 600 mètres, ton organisme travaille davantage.

— Je suis crevé, Daniel. On est encore loin ?

— Tu as dépensé toutes tes réserves d'énergie. Tu dois t'alimenter.

Il me tend une pâte d'amandes dont le goût acidulé me soulève le cœur. Puis des figues, des abricots séchés et une gorgée de thé sucré. Des cordées nous dépassent, il y a du monde, nous allons tous nous retrouver au refuge, dont la capacité d'accueil est de cent couchages. D'où qu'ils viennent, les alpinistes sont polis et courtois. On se salue volontiers, on échange quelques mots. Ce sont des propos rudimentaires dans cette langue bizarre qu'est le *broken english*. Beaucoup de cordées viennent d'Europe de l'Est. Nous croisons une bande de Monténégrins arborant fièrement leur drapeau national. On sent du respect chez tous ces types, comme un recueillement qu'inspirent ce lieu et son histoire.

La dernière voie qui mène au refuge est exigeante physiquement, rendue difficile par la médiocre qualité de la paroi et l'étroitesse des passages. La glace ayant accompli son travail de sape pendant tout l'hiver, les roches sont friables, des morceaux me restent dans les mains et me font perdre l'équilibre. À 19 heures, nous abordons la soucoupe volante par la face ouest. Nous débouchons sur la terrasse qui contourne presque entièrement le globe en acier. Nous accomplissons les formalités d'usage, le paiement de la nuitée, du dîner. Tout est flambant neuf ici, jusqu'au logiciel de gestion de la clientèle et même la jeune employée a l'air de découvrir l'endroit. On perçoit chez elle une légère fébrilité qui n'est pas forcément synonyme d'efficacité. Nous redescendons sur la terrasse avec une bière. Adossés au mur, Sylvain et Jean-Christophe fument. Le soleil est encore très haut dans le ciel, l'intensité de la chaleur crée l'illusion d'un ailleurs qui pourrait être la mer. Huit cents mètres nous séparent du sommet du mont Blanc, ce qui semble peu de chose compte tenu des 2 000 mètres de dénivelé que nous avons avalés depuis ce matin. Je regarde mes jambes, mes pauvres jambes fourbues, et toi mon cœur, pourquoi bats-tu ? Et toi ma tête, comment tiens-tu ? Je me risque à retirer mes chaussettes. Comme je m'y attendais, ce n'est pas une ampoule que je découvre mais une plaie à vif. Le pansement que j'ai posé ce matin n'a pas tenu. Je ne peux le cacher plus longtemps à Daniel, car désormais, cette blessure m'empêche de marcher normalement. La dernière heure a été très pénible. Daniel prend son temps pour examiner mes pieds.

— C'est toujours ennuyeux les blessures aux pieds en montagne, il faut prendre cela au sérieux mais là, ce n'est pas trop grave, je vais te poser une double peau.

Il revient un peu plus tard avec une trousse à pharmacie. Ses gestes sont sûrs, précis, ses doigts ne tremblent pas. À côté de nous, Sylvain ironise :

— Ne serait-ce pas plutôt au grand médecin de haute montagne d'intervenir ? lance-t-il à Jean-Christophe.

Pas de réaction. Jean-Christophe garde les yeux fermés. Où son esprit va-t-il chercher la matière de son prochain livre ? Une curieuse sensation me gagne, le sentiment d'une proximité forte avec mes compagnons, la conscience que je partage grâce à eux une aventure exceptionnelle. Mais comment savoir ce qu'elle vaut ?

— Cela devrait suffire pour demain, cela t'empêchera d'avoir trop mal, tu pourras marcher mais, par précaution, je vais quand même te donner quelque chose.

À ces mots, Jean-Christophe sort de sa torpeur, il penche la tête de notre côté.

— Tu vas lui donner quoi au juste ? demande-t-il.

Daniel extrait de sa trousse deux tubes d'homéopathie.

— Il va prendre de l'opium, dit-il. Il faut le prendre huit heures avant de partir, le temps de laisser agir. J'ai déjà essayé sur moi et ça marche bien.

— Mouais, dit Jean-Christophe l'air dubitatif. Je n'ai jamais cru à ces vieilles molécules que l'on recycle mais là, ça a l'air différent ton truc. C'est vraiment de l'opium ?

— Ce sont des doses d'opiacés très dilués, autant que je sache. Après le dîner, tu prendras une autre dose et demain, ça devrait t'aider contre la douleur, la fatigue et les courbatures.

— T'en as pas une dose pour moi, j'aimerais bien essayer ? dit Jean-Christophe.

Daniel dépose dans sa paume trois minuscules boules blanches que Jean-Christophe gobe aussi sec.

— Pourvu que je ne sois pas complètement stone…

L'intérieur du refuge est confortable. Le bois clair domine dans le réfectoire et les dortoirs. C'est une sorte d'Ikea à 4 000 mètres d'altitude. Sylvain boit de la vodka avec des Russes engagés dans une partie de dés. L'un des cuisiniers gratte sur sa guitare et les Russes chantent à tue-tête. Jean-Christophe et moi montons nous coucher à 20 h 30. Malgré la fatigue, nous n'avons ni l'un ni l'autre envie de dormir, mais à 2 heures du matin, rassemblement général pour un départ à 3 heures. À contrecœur, nous rejoignons nos lits superposés. Avec son imposante carrure, Jean-Christophe a toutes les peines du monde pour se hisser jusqu'à sa couchette par une minuscule échelle de bois. Il grogne, se plaint, le plafond est trop bas, il se bagarre dix minutes avec sa couette.

— Prions pour que je n'aie pas envie de pisser cette nuit, dit-il, sinon il faudra que tu me descendes en rappel.

La pièce est éclairée comme en plein jour, les journées tirent en longueur au début du mois de juillet. J'ai l'impression de m'endormir dans un pays scandinave, là où brillent les soleils de minuit.

— Toi qui es une pharmacie ambulante, me dit Jean-Christophe, tu n'aurais pas un somnifère ?

— J'ai un Stilnox.

— Parfait.

Il tend son bras. Je craque deux Stilnox plus un Xanax pour moi.

— Fais quand même attention avec les benzodiazépines, ce sont des molécules à effet long, contrairement au Stilnox qui disparaît assez vite dans le sang. Tu veux des bouchons d'oreilles ?

— Oui, je veux bien. Tu sais, je suis embêté par mon talon, ça me gêne pour marcher.

— T'inquiète pas, ça va passer et sinon, en plus du Xanax, on te filera de la gnôle. Allez, dors maintenant avant que l'autre zigoto ne revienne complètement plumé par les Russes. Je suis plus inquiet pour lui, tiens !

Il enfonce les bouchons dans ses oreilles et descend sur les yeux son masque de sommeil.

2 heures du matin. La lumière du dortoir s'allume. Dans un bruissement général de tissu que l'on plie et de vêtements que l'on range, les alpinistes s'activent sans un mot, avec méthode. Sous mon lit, Daniel fouille dans son sac, Jean-Christophe est déjà presque habillé. Que fait Sylvain ? Je me penche. Il roupille tout habillé sur son lit qu'il n'a pas ouvert.

— Il n'a même pas enlevé ses chaussures, me fait remarquer Jean-Christophe en l'éclairant avec sa lampe torche. Non, mais regarde-moi ça, c'est pas croyable, c'est le retour à la Préhistoire, un type pareil !

2 h 15. Le réfectoire est plongé dans le silence des grimpeurs qui prennent leur petit déjeuner la tête basse. Par les baies vitrées, j'aperçois Chamonix scintiller tout en bas, comme une crèche miniature.

2 h 20. Sylvain descend, l'air hagard, il s'assied, retire ses lunettes et cherche en plissant les yeux un bol de café sur la table. Pas la peine d'être professeur

de médecine pour comprendre qu'il tient une sérieuse gueule de bois.

— Il est possible que j'aie un peu abusé de la vodka hier soir, me dit-il avec un clin d'œil.

Jean-Christophe lève la tête de son bol et grogne :

— Il est possible que tu aies réveillé tout le monde cette nuit en braillant dans les couloirs avec tes copains du bloc soviétique.

— Ah bon ? Vous nous avez entendus ? Zut alors, dit Sylvain dont la surprise et le remords sont sincères.

— Quand les chœurs de l'Armée rouge chantent dans un refuge, difficile de ne pas les entendre, réplique Jean-Christophe avant de replonger dans son café.

2 h 40. Le local à chaussures sent les semelles et les guêtres qui n'ont pas fini de sécher pendant la courte nuit. Je glisse mon pied bandé dans une chaussure moite et glacée. Dehors, le thermomètre affiche – 18 °C. Le vent souffle en rafales. Mais l'excitation, l'appréhension et le froid ont anesthésié la douleur.

2 h 55. Nous sortons sur la plate-forme. Nuit totale. Au-dessus de nous, au loin, des cordées se sont déjà mises en route, les lumières des lampes frontales forment des petites chenilles que l'on voit briller dans l'obscurité. Je pense aux mineurs de *Germinal.*

La montée démarre en pente douce, Sylvain et Jean-Christophe sont encordés tous les deux, suivis par Daniel et moi, qui ferme la marche. Nous sommes des lucioles qui avançons dans la nuit profonde. Bien que la portée de nos lampes soit limitée à quelques mètres, cela n'empêche pas de mesurer la distance qu'il reste à parcourir. De là où nous sommes, j'aperçois la procession des autres cordées clignoter comme un mystérieux pèlerinage. Je ressens alors la dimension spirituelle de l'ascension. On ne gravit pas seulement le mont Blanc pour la prouesse sportive, on le fait aussi pour la conquête en soi d'un sommet, pour une prière autant que pour un effort physique. L'opium de Daniel n'a pas complètement neutralisé la douleur au talon, j'en ressens la morsure aiguë à chaque coup de crampon. Daniel surveille attentivement ma progression, nous sommes attachés « sec ». Il impose une allure régulière à notre marche, la corde tendue entre nous m'oblige à m'engager au maximum. Il est concentré, silencieux, comme le reste des alpinistes que nous dépassons à hauteur du dôme du Goûter. Il m'a prévenu qu'il vaudrait mieux ne pas nous arrêter jusqu'à ce que nous ayons atteint le refuge Vallot, à 4 362 mètres.

À partir de 4 000 mètres, l'oxygène se raréfie. Pour compenser ce manque dans le sang, les battements du cœur accélèrent. Je suis essoufflé et j'ai l'impression de peser trois cents kilos. Quelque chose de plus impalpable, une sensation jusqu'ici inconnue pèse sur mon corps, l'alourdit et le ralentit. La montée me semble interminable, d'autant que le but à atteindre reste invisible. Les gifles glaciales du vent nous fouettent le visage, Daniel me signale que la température est descendue à – 20 °C.

Le refuge Vallot est un bâtiment brut, inhabité, où l'on peut se replier en cas de problème. Nous nous interrompons pour apprécier le panorama que révèlent les premières lueurs de l'aube. Il est 5 heures du matin.

Le temps d'avaler une barre de céréales à la figue et deux trois gorgées de thé à la réglisse brûlant, nous repartons à l'assaut de l'arête des Bosses. La pente est très raide, je n'ose pas regarder en arrière.

Sylvain et Jean-Christophe ont pris de l'avance, je les vois progresser dans l'éclat doré qui caresse la montagne. Sur l'arête des Bosses, dernière étape avant d'atteindre le sommet du mont Blanc, la somptueuse perspective de la chaîne des Alpes me saisit par son invincible beauté. Tout est à sa place, chaque nuance de couleur, chaque arrondi neigeux, chaque angle rocheux s'accordent dans la partition de cet opéra sans musique. Au cours de cette dernière partie, le moindre geste me coûte, c'est une lutte permanente contre la sensation de l'asphyxie dès que l'allure augmente. Daniel m'encourage, me recommande d'avancer à mon rythme, les deux cents derniers mètres sont les plus rudes, certains abandonnent là, paraît-il. Et puis soudain, au détour d'une saillie, dans le prolongement de l'étroite arête que nous suivons, je vois le beau mamelon immaculé du mont Blanc. Jean-Christophe et Sylvain assistent à notre arrivée. Autour d'eux, d'autres cordées ont déjà planté leurs piolets et se tiennent comme pétrifiés dans la contemplation de la mappemonde des Alpes. En allant vers mes amis, une irrépressible envie de pleurer s'empare de moi. Heureusement, mon visage et mes yeux sont cachés par ma tenue d'alpiniste. De grosses gouttes ruissellent derrière le verre réfléchissant de mes lunettes.

Il est 8 heures, nous sommes à 4 810 mètres, le plus haut sommet de l'Europe de l'Ouest. Je prends le temps de contempler ces paysages qui se dégagent tout autour. C'est la première fois de ma vie que je me tiens sur un promontoire naturel qui domine exactement tout ce qui se trouve à l'horizon et que rien ne dépassera jamais. L'idée peut sembler banale mais, ici, elle s'impose. C'est en tout cas la seule réponse honnête à la question que je me posais, lorsque, enfant, j'admirais le mont Blanc depuis la vallée et m'interrogeais inlassablement sur ce que pouvaient ressentir les alpinistes atteignant le sommet.

Il est 9 heures à présent, le soleil est monté d'un cran dans le ciel, il chauffe déjà bien le massif. Le vent est tombé d'un coup. Nous sommes assis sur la neige, tournés vers le versant italien. Sous nos pieds, s'étend la vallée d'Aoste. Nous nous passons une fiole de cognac dont la saveur paraît décuplée à cette altitude. Sylvain allume un cigare. Il souffle dans l'air pur de petits nuages de fumée bleue.

— Alors, c'est comme tu l'imaginais ? me demande-t-il en souriant.

— On ne peut pas comprendre ce que ça fait avant d'être là. C'est bizarre, je ne sais plus trop de quoi j'ai envie à présent…

— Eh ben, commence par profiter du paysage, fait Jean-Christophe.

— Je crois que j'ai jamais vécu une semaine pareille. Honnêtement, j'ai cru que j'allais jamais y arriver. Les amis, je porte un toast à l'alpinisme gonzo !

Au sommet du mont Blanc en juillet, quelle que soit l'heure, il est midi, le soleil trace sa trajectoire à la verticale et on regarde le ciel dans les yeux.

— Tu as l'air heureux de notre petite virée en tout cas, me dit Sylvain alors que nous enfilons nos moufles et nos bonnets pour redescendre.

— Le cognac et la cigarette me font tourner la tête.

— Tant que tu ne perds pas la tête, tout va bien, dit Jean-Christophe en passant derrière nous.

— Le vent se lève, il ne faut pas s'éterniser, dit Daniel qui, quelques mètres plus bas, fait le compte de ses dégaines. Approche-toi, Ludovic, on va s'accrocher un peu long avec la corde pour être à l'aise dans la descente. Je te répète le principe même si tu le connais : tu enfonces bien les talons dans la neige et tu ne te laisses pas impressionner par la pente. Évite de te recroqueviller sur toi-même, sinon tu te fatigueras pour rien.

— Je pense que ça va être plus facile maintenant.

— C'est possible, mais reste concentré, car on doit avaler 2 500 mètres de dénivelés négatifs avant la fin de la journée.

— Allez ! Dans une heure on est à Vallot, dans trois heures à Tête Rousse et dans cinq heures, on prend l'apéritif sur la terrasse du chalet ! dit Sylvain en secouant son cigare dans les rafales de vent pour l'éteindre.

— Moi, dans deux heures, je prends une bière au Goûter. Je n'ai pas envie de foncer et de me fracasser comme le *Malabar Princess* sur un glacier, dit Jean-Christophe.

Nous marchons cinquante mètres puis nous nous arrêtons à l'aplomb de l'arête des Bosses. Le chemin qui reste à parcourir semble interminable malgré l'impression qu'à cette hauteur je suis un géant qui pourrait enjamber les vallées et d'un seul bond atteindre la plaine de Genève, là-bas, derrière les Aravis.

— C'est le moment de choisir ton destin, ironise Jean-Christophe. Soit tu prends à gauche et tu commences une nouvelle vie en Italie, ce qui présente de nombreux avantages. Soit tu prends tout droit et tu continues de supporter les écrivains pendant encore de nombreuses années. Réfléchis bien. On dira que tu as fait une chute et on retrouvera ton corps dans une centaine d'années complètement gelé mais parfaitement conservé pour être exposé au Syndicat national de l'édition.

— Et si on bivouaquait là cette nuit, ce serait original ? dis-je.

— C'est interdit et en plus on risquerait de s'envoler à cause des bourrasques.

— Ouais, c'est le domaine du Yéti ici, ajoute Sylvain, j'ai vu l'écharpe jaune de Tchang.

Plus nous perdons de l'altitude, plus l'atmosphère particulière qui habite la haute montagne nous abandonne. Une atmosphère de silence où le vent fait entendre des hurlements de loup, où le cri des choucas est une parole humaine et le craquement des glaciers un instrument à cordes.

La hauteur stimule l'adrénaline, mon cœur bat vite, la douleur se tient tranquille, je ne sens pas la brûlure des muscles de mes jambes.

Au bout de l'arête des Bosses, la voie plonge sur le refuge Vallot. La déclivité est si prononcée que je pourrais saisir le vide à pleines mains, les crampons me tiennent en suspens comme au bord d'un plongeoir au-dessus de 300 mètres de pente. Les pas sont redevenus prudents, le mouvement lent de la descente requiert à nouveau toute ma concentration. Dans ce mur de neige, ce n'est pas le sol que je foule, mais la zone grise entre le plein et le vide. Malgré le bonheur qui m'étreint, ma place n'est pas ici, je suis un clandestin de la haute montagne et comme toute personne entrée illégalement dans un lieu qui ne veut pas d'elle, je ressens l'angoisse d'être renvoyé à mon point de départ.

Ce n'est qu'aux environs de 15 heures que nous apercevons les bâtiments du refuge de Tête Rousse à 3 167 mètres. Les six heures d'affilée de désescalade ont ravivé ma blessure, le pansement posé par Daniel avant de franchir le couloir du Goûter s'est décomposé en un agrégat de chair et de sang dans la chaussette. La douleur s'est répandue dans mon corps, je n'arrive plus à la localiser précisément. Toute la beauté du cirque glaciaire, toute la beauté de la couronne des cimes dont les couleurs n'ont pas le temps de sécher qu'elles ont déjà changé, toute cette beauté est court-circuitée par l'arc électrique de la douleur.

La terrasse du refuge de Tête Rousse est le carrefour joyeux des accolades entre alpinistes qui descendent du mont Blanc et prétendants à sa conquête. Je me laisse tomber à l'écart dans un matelas de neige poudreuse. Je bascule en arrière et je ferme les yeux.

— Hé, Ludovic, ça va ? demande Daniel.

— Je suis mort, je n'arrive plus à bouger les jambes et j'ai super mal à ma blessure.

— Qu'est-ce que vous fabriquez ? On ne va pas camper ici avec tous ces barbares, dit Jean-Christophe.

— Les batteries de Ludovic sont nazes.

— On est bientôt arrivés, courage, dit Jean-Christophe. Et on a intérêt à ne pas lambiner parce que le dernier train au Nid d'Aigle part à 18 heures. Si on le rate, on est bon pour se taper la petite route à vaches qui descend à Saint-Gervais. Ce serait bête de faire deux heures de marche sans intérêt.

— Il va falloir foncer si je comprends bien car il est déjà 16 heures, dis-je.

— On va foncer, dit Daniel, mais tu n'auras pas besoin de tes jambes. Allez, en route !

Dès que nous contournons le refuge et laissons dans notre dos le col de Tête Rousse, nous nous trouvons au sommet d'un grand couloir, large comme une piste de ski, où la voie dessine des lacets qui m'ont l'air interminables. Daniel plante son piolet.

— Alors, tu vas faire exactement comme moi maintenant, dit-il en s'asseyant dans la poudreuse, le sac accroché sur le ventre. O.K.?

Avant même que j'aie le temps de répondre, ni même de bien comprendre l'opération, Sylvain se jette à plat ventre dans la pente en hurlant. Il glisse tel un surfeur sur une vague, les mollets repliés en l'air, je le vois prendre de la vitesse et dépasser les marcheurs qui le regardent en rigolant. À mon tour, je m'élance sur les fesses, à la suite de Daniel qui dévale le couloir comme s'il pilotait un bobsleigh. Gagné par l'euphorie, des cris de joie gonflent dans ma gorge et je me mets à brailler comme les autres. Soudain, Jean-Christophe me double sur la droite, sa grande carcasse l'entraîne dans un schuss plus rapide. Il rattrape bientôt Sylvain, qui reste en tête. Je n'ai plus mal nulle part, je glisse comme un gosse, lancé à la poursuite de mes copains, cinquante mètres plus bas, ce sont des apaches en formation serrée. Dans l'ivresse de cette glissade, je réalise que je me suis délesté d'un sentiment lourd, d'une tristesse que je n'arrivais pas à identifier. Et il a fallu que ce soit eux, une tribu de types pas sérieux, d'écrivains déguisés en alpinistes, qui s'en rendent compte et m'aident à traverser cette incroyable tempête. À travers les cris, je hurle aussi ma reconnaissance, je gueule « Merci ! », car je suis certain que si je le leur disais en face, ils en seraient embarrassés, mais là, au milieu de nos hourras déments, tandis que je largue les souvenirs amers de ces dix derniers mois, je peux aussi leur exprimer ma gratitude.

Fin juillet, Paris se vide de ses habitants. De retour au bureau, rue Sébastien-Bottin, je reçois les compliments de ceux qui ne sont pas encore partis en vacances. On me dit que lors de la dernière séance du Comité de lecture avant l'été, Antoine Gallimard a montré aux membres les quelques photos que je lui ai envoyées par Internet depuis le sommet du mont Blanc, entouré de Jean-Christophe, Sylvain et Daniel.

Je croise Pierre Nora dans le couloir, nous nous saluons et l'académicien me regarde avec un air intrigué.

— J'ai appris que vous êtes allés sur le mont Blanc. Je ne savais pas que vous pratiquiez l'alpinisme…

— C'est-à-dire que c'était la première fois, je ne savais pas non plus que j'en faisais.

— Ah bon ? Et Jean-Christophe ?

— Non, lui, il pratique depuis plusieurs années, il est très bon.

— Et ce garçon avec vous, comment s'appelle-t-il ?

— Sylvain…

— Ah, voilà. Il est écrivain et c'est un aventurier, n'est-ce pas ?

— En quelque sorte.

— Quelle histoire… Mais dites-moi, Jean-Christophe, il vous accompagne ? Non, parce que vous n'avez pas le même âge malgré tout.

— Il fait plus que nous accompagner, il est souvent devant à choisir l'itinéraire.

— C'est incroyable. Il fait beaucoup de choses et maintenant, j'apprends qu'il est alpiniste. Alors racontez-moi un peu votre aventure.

— L'ascension a duré deux jours complets. Nous avons dormi au refuge du Goûter et nous nous sommes levés à 2 heures du matin pour arriver au sommet avant huit heures.

— C'est formidable ! Vraiment je vous félicite, car vous savez, j'aime beaucoup la montagne moi aussi, mais j'ai un vertige terrible et je ne peux pas monter trop haut. C'est un grand regret.

— Je pensais la même chose que vous jusqu'à cet été. Mes amis m'ont aidé à ne pas me laisser impressionner par le vertige.

— Et alors, qu'avez-vous vu ?

— Une des choses qui m'a le plus étonné, c'est que l'on retrouve un peu partout des traces des pionniers qui ont fait la conquête de ces montagnes. Par exemple, de nombreuses voies portent leur nom et il y a des objets religieux. C'est étrange d'arriver au sommet d'un pic que l'on croit sauvage et de tomber sur une petite statue de la Vierge.

— C'est intéressant comme expérience. L'histoire et ses manifestations dans le paysage occupent une place très importante en France. Et que faisiez-vous une fois arrivés là-haut ?

— Je me relaxais ! Après avoir eu tellement peur, j'essayais de profiter du paysage.

— Je ne comprends pas. Vous venez de me dire que vous n'aviez plus le vertige ?

— Plus le vertige, oui, mais j'ai toujours la trouille du vide. On éprouve tous cette peur de la chute, je crois que c'est ce qui nous retient de faire n'importe quoi.

— Apparemment, votre ami… comment s'appelle-t-il déjà ?

— Tesson…

— Oui… Tesson, il n'a pas ce genre de problème. Bon et Jean-Christophe, comment fait-il ? Je ne le fréquente que dans le cadre de l'Académie, mais avec une corde et un baudrier, je trouve ça surprenant, j'ai du mal à imaginer.

— Il sait manier le matériel, il y a beaucoup de manipulations de corde et des nœuds compliqués, car vous devez les faire en paroi et parfois suspendu dans le vide.

Il s'avance comme pour mieux me jauger, plisse les yeux en marquant un silence, et puis il me saisit le bras.

— Mais alors, c'est un héros, un véritable héros ! dit-il en reculant lentement dans le couloir et en agitant la main pour me saluer.

Je le regarde s'éloigner tandis que je pense aux livres qu'il a publiés, *Les Lieux de mémoire*, qui furent lors de mes études d'histoire à l'université des œuvres de référence, celles dont on imagine difficilement qu'elles ont été écrites par un contemporain, tant la qualité de leurs analyses les rend intemporelles. Désormais, lorsque je rencontre Pierre Nora, nous parlons de montagne, il aime que je lui raconte mes ascensions et que je lui parle de ces monuments sauvages que l'histoire des hommes a aussi marqués de son désir.

En septembre à Paris, passé 2 heures du matin, une autre soirée commence. Les poumons de la rive droite et de la rive gauche respirent au ralenti, la grande artère de la Seine laisse couler son eau froide le long des rives encore tièdes. La main ferme de la loi a fait baisser tous les rideaux de fer des bars du Quartier latin : il ne reste plus qu'un grand café place Saint-Michel où nous sommes installés en terrasse avec Sylvain. Nous avons une longue journée de travail derrière nous. Tout comme William, l'ami anglais qui nous rejoint. Il a enchaîné une série de conférences sur son nouveau livre, une somme documentaire sur les services secrets britanniques. Que faire ? Sylvain semble m'interroger du regard tandis que la fièvre des mojitos s'empare de lui. Je regarde les naufragés de la nuit qui convergent de toute la ville vers la fontaine Saint-Michel. Un cri plus aigu fait soudain taire la rumeur et tourner les têtes, mais ce n'est qu'un jeune homme ivre qui éclabousse ses amis près du bassin. Sylvain me montre du doigt l'île de la Cité où se dressent les bâtiments austères de la brigade criminelle, quai des Orfèvres.

Je secoue la tête pour signifier mon refus à sa proposition muette et je me tape le front avec l'index.

— Tu es dingue ou quoi ?

— C'est une possibilité. Il faut bien trouver quelque chose à faire, on ne va pas laisser cette belle soirée nous filer entre les doigts. Quelle heure est-il, camarade éditeur ?

— Il est bientôt 3 heures du matin.

— Fantastique. Je te propose qu'on fasse l'ascension de Notre-Dame. Que portes-tu comme pantalon ?

— Un jean.

— Parfait. Dans cinq minutes on est chez moi, dans dix minutes on est équipés et dans quinze, on est au pied de la cathédrale, prêts à la prendre d'assaut.

— Et William, qu'est-ce qu'il devient ?

— On aura besoin de quelqu'un pour faire le guet à cause des patrouilles de police. Je ne suis pas en odeur de sainteté là-bas, si je puis dire.

Sylvain jette un billet sur la table et me pousse devant lui alors que nous commençons à remonter le boulevard Saint-Michel. À travers les feuillages sombres des marronniers, un ciel brun et jaune attend que nous venions rompre le couvre-feu de cette dernière nuit d'été.

Nous filons dans la nuit chaude, chacun équipé d'un baudrier que nous avons enfilé sur notre jean. Sylvain transporte une corde de cinquante mètres, des sangles et des coinceurs qui tintent contre sa jambe. Le long de ma cuisse, je sens battre les chaussons d'escalade que j'ai arrimés au baudrier avec un mousqueton pour gagner du temps. Nous courons rue Saint-Jacques à la rencontre du fleuve, nous passons le pont, puis nous traversons le parvis de Notre-Dame où des ombres s'agitent près des bosquets. Par téléphone, je communique avec William, qui nous attend à l'angle de la rue Gros-Poinçon, le meilleur endroit pour franchir discrètement la grille qui entoure l'édifice et son square. William s'est planqué sous un porche, en retrait de la lumière, il fume une cigarette. Je remarque son air anxieux et ses yeux qui guettent les mouvements alentour.

— *Fuck*… c'est plein de flics ici ! murmure-t-il.

— Pas étonnant, on est en face de la préfecture de police et c'est Vigipirate…

— Leur voiture est venue deux fois depuis tout à l'heure, s'inquiète William.

— Ne perdons pas de temps, dit Sylvain. Bon, William, si tu vois que la police nous a repérés, tu appelles Ludovic, comme ça, on pourra s'échapper de l'autre côté.

Il s'élance vers le trottoir opposé, je le talonne afin de prendre son rythme. Il grimpe le long d'un lampadaire pour enjamber la grille et il retombe derrière, sur le gravier. Je mets en peu plus de temps à franchir ce premier obstacle car je ne possède ni sa souplesse ni son agilité. Accroupis, dos à dos, nous laçons nos chaussons d'escalade et fixons nos chaussures de ville au baudrier. Arrivés au pied du bâtiment, l'obscurité se fait plus épaisse. Sylvain allume sa lampe frontale. Curieux silence. Il me désigne une voie d'accès pour atteindre le toit. C'est une gouttière coincée entre une chapelle et la façade de l'église.

— Écoute-moi bien. Je vais escalader par là et poser des sangles pour que tu puisses monter. Surtout tu attends que je sois arrivé en haut pour démarrer car je vais t'assurer du toit avec la corde.

Je sens l'odeur du rhum passer dans son haleine et je me demande si c'est bien raisonnable.

— Eh ! Tu as compris ?

— Oui, mais fais gaffe, ça m'a l'air limite, ton plan.

— L'avantage, si on se casse la gueule, c'est que tout est à proximité : la police, le médecin légiste et le curé. *Davaï ! Davaï !*

Il s'élève de quelques mètres le long du cylindre, puis il s'arrête. Je l'entends souffler et maugréer.

— Qu'est-ce qui se passe, Sylvain ? dis-je à voix basse.

— Bon sang ! Les autorités ont badigeonné la gouttière de graisse pour nous empêcher de grimper. Les salauds !

— Tant pis, allez, redescends…

— Pas question, on va se faire Notre-Dame cette nuit…

La surface rendue poisseuse ne lui laisse aucun répit, il s'obstine, il livre une bataille ardente contre la gouttière. Je l'entends maudire l'Opus Dei et les Bâtiments de France. Mais après quarante minutes d'un combat sans merci, sa silhouette dressée sur la corniche se détache dans le ciel brun et jaune. Grâce aux sangles que Sylvain a posées, j'accomplis le même trajet en un quart d'heure. La transpiration me coule sur les joues, c'est un passage en force qui exige de tirer constamment avec les bras. Sur mes paumes, je sens la matière grasse que j'étale sur mon front en essuyant la sueur.

— Ça va ? demande-t-il.

— J'ai pris les dégaines sans me poser de question.

— C'est infernal, cette graisse, et dangereux. Je m'étonne que les autorités aient eu cette idée perverse, vraiment ce n'est pas très fraternel. Tiens, regarde, dit-il en éclairant une sculpture en forme d'aigle qui déploie ses ailes à quelques mètres.

Nous sommes à la base de la flèche de la cathédrale. Sylvain me prévient que nous allons grimper jusqu'à son sommet effilé. Sur chaque flanc et sur deux niveaux, j'aperçois des fenêtres couronnées de gâbles qui dominent des statues en cuivre de la taille d'un homme. Ce sont les douze apôtres, trois par trois, avec les symboles des quatre évangélistes. Dans le groupe, de notre côté, Sylvain m'explique que l'apôtre Thomas est représenté sous les traits de Viollet-le-Duc, l'architecte qui a restauré la cathédrale au XIXe siècle. Je contemple le visage sévère de la statue vert-de-grisée et je me dis qu'il aurait mieux valu que ce soit la bonne figure de Victor Hugo. Contrairement aux autres statues, celle de Viollet-le-Duc a la tête tournée vers la flèche, comme pour se dérober aux regards des observateurs et admirer jalousement son œuvre.

— C'est merveilleux, dis-je à Sylvain. Je ne savais pas qu'il y avait tant de choses à voir sur le toit, c'est un vrai musée, ici.

— Que penses-tu de la statue de l'architecte ?

— Original et assez orgueilleux. Il fallait oser ajouter sa tronche sur un monument pareil, le type ne devait pas être modeste.

— Ouais, je trouve aussi. Il faut croire que cette église ensorcelle les artistes qui l'approchent de trop près.

Au-dessus de nous, s'élancent les quarante mètres de la flèche, dont je devine les virgules des petits créneaux qui dessinent des arrondis réguliers jusqu'à la pointe. Nous nous servons de ces prises naturelles pour escalader vers le sommet. Le vent chaud de la nuit de septembre me fait penser au sirocco qui souffle à Marseille et dépose du sable rouge sur les automobiles. Le cône de la flèche est presque aussi aigu que la pointe d'un compas. Nous nous installons de part et d'autre de la pointe et nous nous arrimons avec la corde afin de bien tenir à la flèche. Nous sommes à quatre-vingt-treize mètres du sol exactement. C'est un point de vue unique sur Paris, car depuis l'île de la Cité, seuls les monuments historiques de la capitale sont visibles dans le panorama nocturne : la tour Saint-Jacques, le Panthéon, Saint-Sulpice et le dôme de l'Institut. Quant aux gratte-ciel du quartier de La Défense, ils n'apparaissent pas. Sylvain allume un cigare en s'y reprenant à plusieurs fois à cause du vent qui éteint les allumettes.

Quand on regarde de haut une ville la nuit, on aperçoit certains immeubles, dont l'aspect singulier est d'être, pour tout ou partie de leur surface, translucides. Les fenêtres, à l'image de certains organismes phosphorescents, émettent une lumière orangée. Il est quatre heures et demie du matin et nous fumons, les vêtements couverts de suie comme des ramoneurs. Sylvain m'observe en faisant tourner son cigare entre ses doigts noircis.

— C'est magnifique mais totalement crevant, dis-je.

— L'escalade de cette foutue gouttière m'a flingué. C'est plus facile, normalement. Tu sais quand je disais au mont Blanc que nous vivons dans une époque où tout s'éboule, je plaisantais à peine. Je continue de penser que c'est encore la pierre qui nous tombe sur le coin de la gueule qui triomphe, malgré toutes nos machines.

— On ne court pas ce genre de risque ici.

— Peut-être que l'homme a un besoin de faiblesse. J'ai l'impression que d'une façon ou d'une autre, il lui faut être vaincu. C'est étrange qu'au sommet de sa forme, l'homme cherche à être culbuté, tu ne trouves pas ?

— On est mal barrés.

— Ouais, dit-il en riant. Néanmoins, il y a une bonne nouvelle dans tout ça... Tu n'as rien remarqué ?

— Non.

— On est perchés depuis une heure à quatre-vingt-dix mètres de hauteur et tu n'as pas le vertige.

— Tiens, c'est vrai, je n'y pensais plus.

— Camarade, le moment est venu de fêter la fin du vertige.

Composition et mise en pages
Nord Compo à Villeneuve-d'Ascq

Imprimé en France par

MAURY IMPRIMEUR
à Malesherbes (Loiret)
en janvier 2019

POCKET – 12, avenue d'Italie – 75627 Paris Cedex 13

N° d'impression : 233211
S28283/03